KB065433

야무지고 사치스럽게
살면 된다

청춘 리셋 컨설팅

야무지고 사치스럽게
살면 된다

고코로야 진노스케 지음
/왕언경 옮김

알투스

야무지게 그리고 조금은 사치스럽게

비슷한 수입과 비슷한 경제 상황에 놓여 있는 두 친구가 있습니다. 슈퍼마켓에서 야채 한 봉지를 고를 때도 가격을 비교하고 크기와 무게를 확인하는 등 꼼꼼하고 알뜰한 건 마찬가지입니다. 그런데 한 친구는 가끔 '사고'를 칩니다. 생일날에는 꼭 가고 싶었던 레스토랑을 예약해서 식사를 하고, 유행하는 패션을 눈여겨보다가 계절이 바뀔 때쯤 과감하게 카드를 긁습니다. 유명 바리스타가 내려주는 비싼 커피를 마시기 위해 서너 시간씩 길게 줄을 서기도 합니다.

다른 친구의 입장에서는 도무지 이해할 수가 없습니다. 어떻게 알뜰살뜰 꼬박꼬박 모은 돈을 그렇게 단번에 써버릴 수 있는지……. 근검하게 사는 것은 당연히 값진 일입니다. 그러나 가끔 나만의 '특별한 경험'을 하는 것도 멋진 일입니다. 왜냐하면 그런 경험이 쌓여서 그 '사람만의 분위기'가 만들어지기 때문이지요. 그리고 그런 사람이 훗날 더 부자가 되어 있거나, 자신의 삶에 만족하는 경우가 더 많습니다.

많은 사람들이 착각을 하고 있습니다. 돈을 안 쓰고 모으면 더 여유롭게 살 수 있고, 참고 견디고 노력하면 언젠가는 행복한 삶을 살 수 있다고 생각하는 것이지요. 하지만 돈은 없어서 못 쓰는 게 아니라, 돈을 '잘 쓰는 방법'을 모르기 때문에 항상 전전긍긍하는 것입니다. 그런 사람일수록 돈을 잘 벌지 못하는 경우가 많습니다. 또한 여유를 모르는 삶을 살다 보면 '여유롭게 사는 것'이 어떤 것인지도 모르게 됩니다.

캐치볼을 하면서 받은 공을 모두 끌어안으려는 것처럼, 아끼기만 하고 경험하려 하지 않는다면 자본주의 경제사회에서 진정 능력 있는 플레이어가 되기 어렵습니다.

'문제_{問題}'라는 말은 '제목을 묻다'로 풀어볼 수 있습니다. '문제를 해결하자'라거나 '어떻게든 해보자'라고 하면서 애를 써보았자 겉돌기만 할 뿐입니다. 사실은 '문제가 되는 일'의 제목을 찾기만 하면 됩니다. 그것이 정답입니다. 그걸 찾는 노력이 바로 제가 강조하는 '새로운 노력'이고 야무지게 사는 것입니다.

지금부터 독자 여러분과 함께 젊은 시절을 여유롭게 살기 위해 한 걸음 나아가는 '문제'를 재미있게 풀어보도록 하겠습니다. 제목은 '야무지고 사치스럽게 살면 된다'입니다. 제목처럼 조금 사치스럽더라도 야무지다면 충분히 꿈꾸는 삶을 살 수 있습니다. 책장을 넘기며 현재 부자가 되기 어려운 자신의 '문제'를 찾아보기 바랍니다. 그러다 보면 '야무지게, 사치스럽게' 사는 방법을 알게 되실 것입니다.

고코로야 진노스케

1장 궁상 체질의 끝은 어디일까

_당신, 더 부자가 되어도 좋다

1장. 궁상 체질의 끝은 어디일까

정말로 좋아하는 것,
갖고 싶은 것에
돈을 쓰세요.
〈고코로야 진노스케〉

'절약하는 일'이 아닌
'즐겁고 기쁜 일'에
에너지를 쓰세요.

〈고코로야 진노스케〉

어느새 수입이 늘어나는 비결

사업하는 사람들에게 매출이란 '단가×고객의 수'를 의미한다. 즉 고객 몇 명이 오고, 한 고객에게서 얼마의 돈을 받는가 하는 '곱셈'이 자신의 매출이 되고 수입이 된다. 아르바이트나 파트 타임으로 일하는 사람이라면 '시급×노동시간'이 곧 수입이다. 회사에서 일하는 사람의 급여도 기본적으로는 같은 구조라고 볼 수 있다.

이렇게 매출·급여·수입을 올리는 데는 몇 가지 방법이 있다. 노동의 대가로 단가나 시급을 올려받거나, 고객을 많이 끌어모으거나, 잠을 줄이는 등의 노력으로 노동시간을 늘리는 방법이다. 금전 문제로 어려움을 겪을 당시에 내가 수입을 올리기 위해 한 방법은 오로지 '단가×고객의 수' '시급×노동시간' 뿐이었다. 그래서 열심히 고객 수를 늘리고, 밤잠을 줄여가며 일하고, 상품의 가치를 높여서 노동의 단가를 올리려고 노력했다.

과연 돈은
노동의 대가일까

하지만 이 방법은 누구나 생각할 수 있는 것이며, 게다가 그렇게 간단히 되지도 않는 일이다. 그런데다 이런 식의 노력을 아무리 계속한다고 해도 매출이나 수입은 별로 오르지 않는다. 수입과 매출을 올리기 위해서는 이런 '상식'이라는 사고의 틀에서 벗어나야 한다.

게다가 주부에게는 이런 계산식조차도 적용하지 못한다. 매일 닦는 접시의 수를 늘리거나, 청소를 더 열심히 한다고 해도 남편의 급여는 오르지 않는다. 하지만 안심해도 좋다. 지금부터 이야기하는 '수입 올리기 방법'은 주부도 활용할 수 있으니까.

우선 돈 이야기를 할 때 버려야 할 것이 있다. 그것은 '돈은 노동의 대가'라는 생각이다. 그리고 세상 사람들이 말하는 '노동은 일하는 것'이라는 당연한 상식도 버리자. 믿을 수 없어도 일단 버리지 않으면 새로운 사고를 받아들일 수 없다. 이런 생각들을 싹 다 버려야만 들어오는 돈의 규모가 달라진다.

타인의 기대에 부응하는 것과
'수입'은 전혀 상관이 없다

수입을 늘리려면, 즉 단가나 시급을 올리려면 어떻게 해야 할까. 세상은 우리에게 '타인이나 고객에게 기쁨과 만족을 주는 일을 해야 한다'고 가르친다. 하지만 이 생각도 버리길 바란다. 도움을 주고 기쁨을 주는 일은 수입과는 상관이 없다. 부디 타인의 기대에 부응하면 돈이 들어오고, 수입이 오른다는 생각을 버려라. 솔직히 자신이 만족하는 일만 하고, 자신의 이익만 챙기는 나쁜 사람들도 돈을 엄청 많이 갖고 있지 않은가.

수입을 올리는 것은 누군가에게 도움을 주는 일도, 기쁨을 주는 일도, 기대에 부응하는 일도 아니다. 만약 타인을 기쁘게 하는 것이 수입을 올리는 길이라고 한다면, 주변에 기쁨을 주기는커녕 팀원들은 야근하는데 혼자만 일찍 퇴근하는 얌체 상사가 더 많은 월급을 받는다는 게 이상하지 않은가. 결국, '노동, 도움 주는 일, 기쁨을 주는 일, 기대에 부응하는 일'이 수입을 올린다는 생각은 이미 설득력을 잃고 있다.

또 일을 전혀 하지 않는 부자의 아내를 생각해보자. 도우미에게 가사를 맡기고, 남편의 얼굴은 한 달에 몇 번밖에 보지 않으니 남편을 돌보는 일조차도 거의 하지 않는다. 그런데도 쓸 수 있는 돈은 넘쳐난다. 이 역시 타인에게 도움을 주면 수입이 오른다는 법칙에서 이미 벗어나 있다. 나는 '그 점'에 눈을 뜨게 되었다. 그러니까 우선, 수입을 올리기 위해서는 '다양한 조건이 필요하다'는 고정관념을 머릿속에서 지워주길 바란다. 그래야 비로소 '전혀 다른 세계'로 진입할 수 있다.

돈 · 공기 · 애정이란
쏙 들어왔다가 쏙 나가는 것
나는 여러분이 '돈은 공기와 같은 것'이라는 점을 깊이 인식하길 바란다. 공기란 '마시면서 내뱉는 것'이다. 마시면 뱉게 되고, 뱉으면 다시 마시게 된다. 그러므로 "나는 25년치의 공기를 한곳에 모아놓았어"라고 말하는 것은 이상한 일이다. "열심히 일하지 않으면, 공기를 마실 수 없어" "난 평소에 집에서 빈둥거리거나 게임만 하니까, 공기 같은 건 마실 자격이 없어"라고 말하는 것도 마찬가지다. 즉 돈도 공기처럼 '받아서 쓰고 받아서 쓰고'를 반복하는 것이다. 예사로 쓱 들어왔다가, 쓱 나가버리는 존재라는 점을 기억하자.

돈이 없는 세계와 돈이 있는 세계

지금 여러분이 생각하는 '돈에 관한 이미지'는 거의 전적으로 부모와의 관계로부터 설정된 것이다. 여러분이 '궁상 체질'인 것도, 돈이 없어 경제적으로 힘들다고 느끼는 것도 부모와의 관계 속에서 만들어진, 생각보다 뿌리 깊은 비애가 그 원인이다.

여기에서 주의해야 할 점은 '지금, 돈이 없다'고 말하는 사람은 가난한 사람이 아니라, '궁상 체질'이라는 것이다. 나도 오랫동안 궁상맞게 살았다. 어릴 때 대부분의 친구들이 가지고 있던 장난감을 나만 가지지 못했고, 고등학교에 입학할 때는 부모님으로부터 '너 때문에 밭 하나를 팔았다'라는 원망을 듣기도 했다.

싸구려로 삶을 채우는 건
스스로를 업신여기는 일

돈에 얽힌 추억 중 지금까지도 기억에 남아 있는 일이 있다. 오디오 기기에 관한 이야기다. 나와 동시대 사람이라면 다들 알겠지만, 오래전에 오디오 기기가 유행하던 시절이 있었다. 그중에서도 야마하의 오디오는 버튼을 누르면 엷은 빛이 났는데, 나는 그게 너무 갖고 싶었다. 억지로 사주시기는 했지만, 부모님은 오디오를 볼 때마다 '돈도 없는데 저걸 사달라고 하다니'라며 투덜대셨다. 바로 그때부터 내가 돈을 쓰면 누군가가 불행해진다는 생각이 머릿속에 박혀버렸다. 그런 경험이 원인이 되어 나는 궁상 체질이 된 것 같다.

체질적으로 궁상맞은 사람은 돈을 쓰지 않으려고 한다. 반면에 부자는 돈 씀씀이가 깐깐한 것 같아도 쓸 때는 또 거침없이 쓴다. 즉 자신이 정말로 좋아하는 일과 설레는 일에는 돈을 쓰지만, 두근거림이 없는 일에는 돈을 쓰지 않는다. 흔히 부자를 인색한 사람들이라고 말하지만, 그들은 단지 의미 없는 일에 돈을 쓰지 않을 뿐이다. 반면 의미 있다고 생각하는 일에는 돈을 펑펑 쓴다.

나는 돈을 아끼려고 궁상을 떨기는 했지만, 또 한편으로는 싸구려만 사면서 돈을 낭비하기도 했다. 당시 나는 교토에 본사가 있는 물류 및 택배 운송 기업인 사가와큐빈佐川急便에서 근무했다. 그 회사의 연봉은 꽤 괜찮은 편이었다. 하지만 나는 저축도 제대로 하지 못했고, 변변한 집도 없었고, 멋진 자동차도 없었다. 집 안에 있는 것이라곤 온통 싸구려뿐이었다. 즉 싸구려만 잔뜩 모아놓고, '나는 이런 놈이야' 하고 스스로를 업신여겼던 것이다. '나는 마트 물건이면 돼, 이 정도 옷으로도 충분해!'라고 말이다.

그렇게 '싼 게 비지떡'이라는 말이 딱 어울릴 만한 물건들을 잔뜩 사들이고는 돈이 없다고 안달하면서 열심히 '단가×고객 수' '시급×노동시간'이라는 수입 상승 공식 안에서 열심히 노력하는 보통 사람이었던 것이다.

'나는 여유 있다'라고

주문을 외워보자

그런데 그렇게 궁상을 떨던 나에게도 변화가 찾아왔다. 돈에 대한 이미지를 새롭게 바꾸고 나자 수입이 기대 이상으로 늘어난 것이다. 돈에 관한 이미지는 평생 고정된 것이 아니라, 얼마든지 자신의 의지로 바꿀 수 있다. '나는 가난해서 돈이 없다'라는 생각을 갖고 있는 상태에서는 아무리 시급이나 단가가 오르고, 고객이 늘어나고, 노동시간을 늘려도 자신의 손에 들어오는 돈은 늘어나지 않는다. '이렇게까지 열심히 일하는데 왜 수입은 늘지 않을까' 하는 더 깊은 미궁 속으로 빠질 뿐이다.

그런데 '나는 가난하다'라는 기존의 이미지를 벗어버리고 '나는 여유 있다'라고 주문을 외다 보면 상황은 달라지기 시작한다. 어느 틈에 단가가 오르고, 고객이 늘어나며, 노동시간을 최소한으로 줄여도 매출과 수입이 오르는 이해 불가한 새로운 '수수께끼의 세계'로 들어가게 되는 것이다.

'왜 이렇게 돈이 없지?'와 '왜 돈이 자꾸 들어오지?' 이 둘은 모두 '수수께끼의 세계'인 것이다. 물론 우리는 누구나 '돈이 자꾸 들어오는 세계'로 들어가고 싶어 한다. 그러기 위해서는 우선 '나는 가난하다'라는 부정적 자기 암시에서 벗어나야 한다.

'더 열심히 해야 한다'는 저주

'이 정도로는 아직 턱없이 부족해. 좀 더 열심히 해서 수입을 올려야겠어.' 이런 말들은 스스로를 낮게 평가하는 사람이 주로 쓰는 말이다. 그런데 '아직, 좀 더'라는 말은 당신의 궁상 체질을 가속화시킨다. 이런 말들이 당신에게 마법을 걸어 스스로를 끔찍하게 괴롭히는 것이다.

나 역시 '아직, 좀 더'를 외치며 스스로 주문을 걸던 시절이 있었다. 그즈음 나는 카운슬링 일을 해야겠다는 생각에 몸담고 있던 회사를 갑자기 그만두었다. 그리고 좀 더 본격적으로 카운슬링 공부를 하는 것이 좋겠다는 생각에 교토에서 세미나가 열리는 도쿄까지 오가게 되었다. 당시에는 돈이 없어서 도쿄까지 갈 때는 야간버스를 탔고, 호텔도 싼 곳만 찾아서 묵었다. 야간버스를 탄 탓에 쉽게 피로가 쌓여서 도쿄에 도착하면 다리가 후들거려 하루를 망치는 일도 가끔 있었다.

그렇게 교통비와 숙박비 외에도 아낄 수 있는 모든 비용을 절약하려고 애썼다. 하지만 세금을 정산하기 위해 확정신고^{납세 의무자가 스스로 일정 기간의 실적에 따라 소득과 그에 대한 세액을 계산하여 신고하는 일}를 하려다 보니 어중간하게 돈이 남아서 오히려 세금만 더 내야 했다. '이럴 줄 알았으면 좋은 호텔에서 자고, 신칸센으로 편하게 다닐 걸' 하는 후회가 막심했다. 그 이후로는 신칸센을 타고 다녔다.

지출을 줄일수록
돈도 줄어드는 미스터리

내 주위에는 오랫동안 일하던 회사를 갑자기 그만두고, 장기간 해외여행을 떠나는 사람이 종종 있었다. 하지만 나는 그게 불가능했다. 당시에 나는 저축해놓은 돈이 별로 없었다.

그러다 보니 해외여행을 다니다 돈이라도 떨어지면 굶어죽는 게 아닌가 싶을 정도로 불안했다. 그래서 회사를 그만둔 후에도 빨리 돈을 벌어야 한다는 조바심에 '느긋하게 어디론가 떠나볼까' 하는 생각을 할 여유가 없었다.

카운슬링이 필요한 고객을 모집하고 상담 대가를 받았지만, 좀처럼 돈이 모이지 않아 일단 열심히 돈을 버는 데만 집중했다. 또 수입이 많지 않았기 때문에 벌어들이는 수입 대비 지출을 줄이면 돈은 남겠지 하는 생각에 가능한 지출을 억제하려고 애썼다. 그런데도 돈은 거의 바닥을 드러냈다. '앞으로도 계속 이 모양이면 어떻게 하지' 하는 공포감이 밀려왔다.

제발 '알뜰살뜰'
살지 마라

그 당시 나는 슈퍼마켓에서 장을 볼 때도 돈을 아끼기 위해 유통기한이 임박한 저렴한 식재료만 찾았다. 그러던 중 지금의 아내와 사귀기 시작했는데, 함께 밥을 먹으러 가면 그녀가 비싼 요리를 거침없이 주문하는 바람에 내 마음은 항상 조마조마했다.

　그때 아내가 한 말은 정말로 충격적이었다. "우리 맛난 거로 먹어요. 식비 같은 걸 아무리 아껴봤자 크게 달라지는 건 없어요." 물론 규동^{소고기덮밥}을 먹을 때, 달걀을 추가한다고 해서 가격이 크게 차이 나지는 않는다. 하지만 당시의 나는 그런 '크게 차이 나지 않는' 돈도 주저했던 것이다. 하지만 아내는 "달걀 하나에 고작 600원이에요. 그걸 추가한다고 얼마나 달라지겠어요"라며 대수롭지 않게 말했다.

　결국 '절약하는 일'에 에너지를 쓸 것인가, '즐겁고 기쁜 일'에 에너지를 쓸 것인가 그 차이다. 나는 그때까지 내가 기쁘고 즐겁고 기분 좋아지는 일에 돈을 쓰기보다는 절약 그 자체가 더 중요했던 것 같다. 돈이 있으면 곤란해지는 가난뱅이가 된 셈이다.

　돈이 들고 나는 것을
　감시하지 마라
　나는 주부들에게 가계부를 쓰지 말라고 이야기한다. 가계부를 쓴다는 것은 '돈이 들고 나는 것을 감시한다'는 뜻이고, 남편의 월급을 가계부에 적어서 관리하려는 행위이다. 이는 가계부를 이용해 수입과 지출이 그럴싸하게 잘 관리되었을 때의 '현명한 아내다움'을 느끼고 싶은 것이다.

"당신의 그 쥐꼬리만한 월급을 가지고는 이렇게 알뜰살뜰 해야만 아이 공부도 시키고, 식탁도 풍성해지고, 여행도 갈 수 있는 거예요. 모두 내 덕이라고요." 이런 우쭐함을 만끽하고 싶은 사람이 열심히 가계부를 적고는 "내가 잘 꾸려가기 때문에 그나마 이렇게라도 살아갈 수 있는 거예요"라고 말하는 것이다. 그런데 이렇게 알뜰살뜰한 아내가 점점 더 '갑갑한 사람'이 되어갈수록 남편의 수입은 점점 줄어드니 참으로 안타까운 일이다.

'돈 벌이 노력'이 아닌
'일상이 즐거워지는 노력'을 해보자

궁상이 몸에 배어 있을 당시에, 나는 열심히만 일하면 돈도 점차 들어오고 마음에도 여유가 생기리라 생각했다. 하지만 돈을 열심히 벌고 있는데도 마음속은 '조금 더, 아직 멀었어' 하는 조바심으로 메말라가기만 했다.

'이건 뭔가 잘못됐다'는 생각이 들었다. 지금의 내 상태를 뒤엎어보기로 했다. '돈을 버는 행위'에 시간을 쓸 게 아니라, '마음이 즐거워지는 일'에 시간을 쓰기로 한 것이다. 맛있는 것을 먹거나 재미있는 일을 하고, 또 휴식을 취하거나 아내와의 대화 시간을 늘리기로 했다. '마음에 먼저 여유가 생기면 좋겠다'라고 생각을 바꾼 것이다.

'수입을 올려야 한다는 걱정은 모두 잊고, 마음이 즐거워지는 일에 초점을 맞추자'라고 생각하고 나니 많은 것이 달라졌다. 이 실험을 시작으로 내면을 충실히 하는 데 집중적으로 시간을 썼더니 뜻밖에도 카운슬링 매출이 부쩍 상승했다.

그리고 예상치 못한 일이 벌어졌다. 우연한 기회로 텔레비전에 출연하게 되었는데 한 번 TV에 출연한 후로는 책도 더 많이 팔리게 되었고, 강연회 역시 청중으로 가득 찼다. '돈벌이 노력'이 아닌, '일상이 즐거워지는 노력'을 했더니 수입도 덩달아 부쩍 늘게 된 것이다.

이것은 내면의 여유가 만들어낸 의외의 결과이다. 외양을 먼저 꾸미는 것이 아니라, 내면을 채우는 데 시간을 들였더니 뜻밖에도 매출이 엄청나게 늘어난 것이다. 이처럼 매출이 급상승한 이유는 상식으로 여기던 '수입을 올리는 공식'을 무시했기 때문이니 이를 딱히 설명할 방법은 없다. 눈앞에 닥친 먹고사는 문제에 매달려 각박하게 사는 데서 탈피해, 삶이 즐거워지는 방향으로 선회해 살다 보니 생긴 일이기 때문이다.

명품 구두를 경험한 후
돈 쓰는 법을 바꾸다

이번에는 인생을 풍요롭게 하고 일이 잘되는 계기를 만들어
줄 '만남'에 대하여 생각해보자. 내가 교토에서 사무실을 운
영하고 있을 때의 일이다. 어느 날 업무를 보고 있는데 누군
가가 문을 똑똑 두드렸다. 문을 열어보니 한 여성이 가방을
들고 서 있는 게 아닌가.

"무슨 일로 오셨나요?"
"저……. 요 옆 다이마루에서 왔는데요."
내 사무실 근처에는 다이마루백화점이 있었는데 그곳의
영업사원이 온 것이다.

"우리는 외부 거래를 안 합니다만."

"얼마 전에 다이마루 뒤쪽 니시키코우지 거리에서 고코로야 씨를 뵌 적이 있어요. 알고 보니 사무실이 이 근처에 있다고 해서 찾아왔습니다."

그런데 그 사람 뒤에 또 한 사람이 서 있었다.

"저쪽 분은 누구신지요?"

"아. 네, 불가리라고……."

함께 온 여성은 명품 브랜드 불가리의 영업 담당 직원이었다. 그녀는 몇 가지 제품을 나에게 보여주었지만 나는 물건 욕심이 그다지 없는데다가 궁상떠는 습성이 여전했기 때문에 처음에는 별로 관심을 보이지 않았다. 명품이니 얼마나 비쌀까 하는 생각뿐이었다. 그런데 그 직원이 가지고 온 가방과 지갑 등은 꽤 좋아 보였다. 그래서 가방을 한번 들어보았더니 그녀들은 일제히 나를 부추겼다.

"어머, 정말 잘 어울리시네요!"

"고코로야 씨를 위한 제품 같아요!"

"영업용 멘트 아닙니까?"

"아니요, 전혀 그렇지 않아요. 저희는 무작정 권하는 식의 영업은 하지 않아요."

이렇게 서로 말을 주고받다 보니, 나도 가끔은 이런 고가품을 구매해도 되지 않을까 하는 생각이 들었다. 그렇게 나는 한 번도 사본 적 없는 명품을 구매하게 되었다.

이후 그 영업사원과의 교류는 계속 되었다. 그녀는 가끔 나의 사무실을 찾아왔지만 신제품을 권하는 식의 영업은 하지 않았다. 단지 얼굴을 비치러 왔다. 내가 "오늘은 무슨 일로 오셨어요?" 하고 물으면 "그냥 얼굴만 잠깐 뵈러 왔어요" 하며 밝게 웃는 재미있는 사람이었다. 그러던 어느 날, 또 나를 찾아왔다.

돈의 새로운 흐름을
만들어내다

"안녕하세요, 고코로야 씨."

"오늘은 또 무슨 일로?"

"저, 오늘은 다른 일행이 있어요."

그날 같이 온 사람은 명품 브랜드 지미추의 점장이었다.

그가 지미추의 샘플을 몇 개 가지고 오긴 했지만 모두 여성용이었다. 그래서 나는 내가 살 수도 없는 물건을 왜 들고 왔는지 의아스러워 하며 물었다.

"남성용도 있나요?"
"많이 있습니다."
"그런데 왜 안 가져왔지요?"
"아, 죄송해요. 깜빡했어요."

그 점장은 남성인 내게 여성용품만 보여주고는 실컷 수다만 떨다가 돌아갔다. 아마도 그녀는 표현이 직설적이고 무엇이든 순수하게 받아들이지만, 많은 일을 동시에 하지 못하고 한 가지에만 집중하는 순수 천재 타입의 사람이었을 것이다. 나의 '전자·후자론'으로 말하자면, 전형적인 후자로 '천연계'에 해당하는 사람이다. 반면에 전자는 분위기를 잘 파악하며 이해력이 있고 논리적이다. 표현력도 좋아서 많은 일을 동시에 할 수 있고 처리 능력도 높은 수재 타입이다.

그 영업사원과의 교류 후, 이번에는 내 쪽에서 마음이 움직였다. 매장에 직접 찾아간 것이다. 그때 지미추 제품을 접한 이후 지금은 거의 지미추 구두만 애용하고 있다. 명품 구두는 어느 자리에 섰을 때나 나에게 자신감을 주었다. 그리고 싼 제품을 여러 켤레 사서 신는 것보다 좋은 구두를 한 켤레 사서 아끼고 잘 관리해서 오래 신으니 결국은 돈도 절약할 수 있었다. 이 경우는 내가 돈을 쓰려고 작정한 것이 아니라, "돈 좀 쓰지 않으시겠어요?" 하고 상대편에서 나에게 다가온 것이다. 그런데 뜻하지 않게 마음껏 돈을 썼더니, 또 그만큼 점점 더 돈이 들어오는 게 아닌가. 즉, 내게 새로운 '돈의 흐름'이 생긴 것이다.

상식 밖의 일을
꿀떡 삼키는 용기

이 일 외에도 평소 나의 라이프 스타일과 맞지 않는 소비를 한 적이 있다. 내가 한창 궁상을 떨던 시절이었는데 지인의 결혼 파티에 입고 갈 옷 때문에 고민하다가 스타일리스트의 도움을 받은 적이 있다. 그때까지 나는 백화점에서 값비싼 물건을 사본 적이 없었다. 그런데 스타일리스트는 내가 1년간 옷에 사용하는 비용과 맞먹을 정도의 고급 옷을 제안했다. 나는 옷의 가격을 보고는 흠칫 놀랐다.

"저는 옷에다 그렇게 많은 돈을 써본 적이 없는데요."

"그러니까 지금, 고코로야 씨가 그런 옷을 입고 있는 거예요. 고코로야 씨는 패션 문제로 저한테 자문을 구하러 오신 거잖아요."

"아, 그렇지요."

"돈을 쓰지 않으니까 고민이 되는 거예요. 저는 지금까지 옷에 충분히 많은 돈을 쓰면서 실패도 했고, 그 과정에서 많은 걸 배웠어요. 그래서 지금 이 분야의 전문가로 일하고 있는 거고요. 고코로야 씨는 옷에 돈을 쓰지 않으셨지요? 일 년에 어느 정도 쓰시나요?"

스타일리스트의 직설적인 질문에 나는 선뜻 대답할 수가 없었다. 그만큼 돈을 쓰지 않았기 때문이다. 그런 내게 "이 수트는 100만원이에요"라며, 당시의 나로서는 기절할 만큼 놀라운 가격의 수트를 가지고 왔으니……. 하지만 나는 그의 제안을 거부하지 않았다. 받아들이기로 했다.

이렇게 여러분에게도 자신의 돈에 관한 상식이나 생각을 제대로 바꾸어줄 사람과의 만남이 있을 것이다. 뜻하지 않게 마주하게 되는 그런 만남을 단칼에 물리칠 것인가, 한번쯤 고려해볼 것인가에 따라 인생은 크게 달라진다.

충분히 쓰고
제대로 받는 세계로 입성하자

회사를 막 꾸리고 열심히 일에 매진할 때였다. 일한 만큼 매출은 올랐지만 '수수께끼 같은 저항'에 직면하는 일이 자주 발생했다. 매출이 쑥 오르면 '잠깐! 더 오르다가는 세금이 엄청날 텐데' 하고 걱정되는 지점이 있다. 그때 '세금을 더 내기는 아깝고, 그럼 매출을 줄여볼까?' 하는 심리가 작용한다. 이것이 바로 '수수께끼의 저항'이다. 하지만 실제 매출은 그 지점을 훌쩍 뛰어넘어 버린다.

결국 수입을 올리려면 세금을 많이 낼 필요가 있다는 말이다. '자신의 몫'을 늘리려면, 세금도 많이 낼 각오를 해야 한다. 그렇지 않으면 자신의 몫도 늘지 않는다. '좋아, 그럼 세금을 많이 내자!' 이렇게 결심하면 매출도 쑥쑥 오른다.

파트 타임으로 일하는 주부도 마찬가지다. 대개는 남편이 부양가족공제를 받을 수 있도록 가족의 연간소득 합계 기준을 넘지 않는 범위에서만 일을 하려고 한다. 하지만 그런 걱정은 접어두고 '선'을 넘어보자. 그래야 남편의 부양에서 벗어날 수 있다. 세금을 공제받아 얻게 되는 약간의 돈과 자신이 벌어서 마음 편하게 쓸 수 있는 돈. 둘 중 어느 쪽을 택할 것인가의 문제인 것이다.

'충분히 쓰고, 제대로 받는 세계'로 입성하길 바란다. 돈을 아주 크게 회전시켜보자. 이는 바로 약간의 손해를 감수하는 일이며, 뭔가를 각오하는 일이다.

즐거운 일은 덥석 잡으러 가라

자신의 빈곤감을 상승시키는 가장 간단한 방법은 무엇일까. 그것은 '참는 것'이다. '하고 싶은 일, 갖고 싶은 것, 말하고 싶은 이야기'를 참고, '힘든 일'도 참고, 참고 또 참으며 자신을 억누른다. 그러면 점점 자아는 혼탁해지고, 진흙투성이가 되어간다. 즉 자기 안에서 흘러나오는 뭔가를 꾹꾹 억누르면, 그 뭔가가 거무칙칙하게 발효되고 썩어서 걸쭉해진다. 그리고 그 거무칙칙한 것이 밖으로 흘러나오지 않도록 억누르기 위해서는 굉장한 에너지가 필요하다.

　물론 '하고 싶은 일' 중에는 세상이 비난할 만한 일도 많다. 그래서 '정말 하고 싶지만 세상이 받아들이지 않을 거야'라는 생각에 더 잔뜩 용을 쓰고 참게 된다. '나는 즐거운 일이 뭔지 몰라, 내가 좋아하는 일이 뭔지 모르겠어'라며 참는 사람들은 진짜 하고 싶은 일을 억누르는 데 대부분의 에너지를 쓰고 있는 것이다.

이제부터는 자기 안에 억눌려 있던 거무칙칙한 몹쓸 것이 드러나는 걸 두려워하지 말자. 자신이 '즐거워할 일'을 꽉 붙잡기 바란다. '마음의 만족도'가 올라가면 주위에서 무슨 말을 하든 점점 자기다워진다. 자신의 만족도가 높을수록 수입 또한 늘어난다. 이는 비단 직장을 가진 사람뿐 아니라 주부도 마찬가지다.

돈을 낭비하는 것과
좋아하는 일에 쓰는 것의 차이

'돈을 쓰자, 돈을 써야 돈이 들어온다'라고 이야기하면, "좋아하는 일에 실컷 돈을 써봤어요. 피부 관리를 하거나 오후 티타임을 마음껏 즐기고, 마음에 드는 옷도 실컷 사보았고요. 하지만 돈은 들어오지 않네요"라는 말을 자주 듣는다.

이런 말을 하는 이유는 '돈을 낭비하는 것'과 '좋아하는 일에 쓰는 것'의 차이를 알지 못하기 때문이다.

돈을 써도 만족감이 적다는 사람들은 이렇게 생각해보자. '돈을 마구 쓴 것이 아니라 갖고 싶은 것을 마음껏 가진 거야, 돈을 낭비할 정도가 된다는 건 내가 돈이 좀 있다는 의미 아닐까? 그런데 아직도 뭐가 더 갖고 싶은 거지?'라고 말이다.

갖고 싶은 물건을 실컷 사고, 즐거운 일을 맘껏 해도 '더 갖고 싶고, 여전히 부족함'을 느끼는 '결핍' 주술에 걸려 있는 동안에는 100억이 들어와서 그 돈을 다 쓴다고 해도 허전함은 채워지지 않는다. 좋아하는 일에 돈을 썼다고 생각했는데, 구입한 물건을 보고도 마음이 설레지 않을 때는 그냥 헛돈을 쓴 거다.

이렇게 막연한 결핍감을 채우는 데 돈과 시간을 쓰지 말고 '자신의 진짜 속마음'을 채우는 데 쓰자. 이는 자신의 에너지를 '좋아하는 일'에 사용하고, '싫어하는 일'에는 사용하지 않는 것을 의미한다. 시간과 돈은 누군가를 원망하거나 상대

방에게 앙갚음을 하는 그런 일에 써서는 안 된다. '자기가 좋아하는 일'에 마음껏 쓰자.

높은 곳으로

나를 이끌어보자

좋아하는 일을 열심히 하다 보면 뜻밖의 경험도 하게 된다. 나는 TV에 출연하게 되었는데 그로 인해 이름이 널리 알려지고 좋은 일도 많이 생기는 반면, 상상을 초월하는 불편한 일도 많이 생겼다. 그럴 때 '몸을 조금 낮추고 조용히 있어볼까' 하고 생각한 적도 있다. 그런데 '내가 왜 심리 카운슬러가 되려고 했을까?' 고민하다 보니, 역시나 '내 속에서 솟구치는 생각을 전하고 싶고, 공감하고 싶어서'라는 결론에 도달하게 되었다.

물론 '더 겸손하고, 더 감사해야' 한다는 생각도 맞다. 하지만 타인의 시선이 신경 쓰여 잠자코 있기보다는 남보다 더 튀고 때로는 결의도 보여서 '저 사람 도대체 뭐지?'라는 반응이 나오도록 자신을 높은 곳으로 이끌기 바란다. 좋아하는 일을 하면서 사람들을 행복하게 해주고 싶다면, 현재의 위치보다 더 높은 곳에서 더 좋은 것을 보여주면 된다. 일단은 당신이 좀 더 높은 곳으로 올라가보자.

2장 부자 놀이를 즐겨라
_돈에 대해 솔직해지자

2장. 부자 놀이를 즐겨라

돈이 없어서 실패한 게 아니라
실패라는 생각이
돈을 못 벌게 합니다.
〈고코로야 진노스케〉

2장. 부자 놀이를 즐겨라

'돈이 없으니 실패자'가 아니라
'나는 실패자라는 생각' 때문에
돈이 없는 것입니다.

〈고코로야 진노스케〉

시작보다 포기를 먼저 하는 사람

사실 돈에는 매우 교묘한 '덫'이 걸려 있다. 이 덫이란, 돈이 없다고 고민하는 사람들이 돈 없는 자신을 실패자라고 자책하기 때문에 돈과 더 멀어지는 것을 말한다. 순서를 헷갈리지 말아야 한다. '돈이 없으니 실패자'가 아니라, '나는 실패자'라는 생각 때문에 돈이 없는 것이다.

돈이 없어서 어려움을 겪는 사람이 타인에게 가장 듣고 싶어 하는 말은 무엇일까. 돈 문제뿐 아니라 폭력을 당하고 있다거나, 타인에게 냉대를 받고 있다거나, 상사에게 괴롭힘을 당하고 있다거나 하는 문제로 고민하는 사람도 마찬가지다. 고민이 있거나 힘이 들 때 '타인에게 어떤 말을 들으면 기쁠지' 잠깐 생각해보자.

남들이 알아봐주길
바라는 감정

가난한 사람 중에는 가난을 즐기는 사람도 있다. "우와, 나 땡전 한 푼 없어. 이번 일주일은 5000원으로 살아야 해." 이렇게 말하면서 '돈이 없는 상태'를 즐기는 것이다. 나도 학창 시절에 월요일마다 카레를 한 냄비 가득 만들어놓고 일주일 내내 카레만 먹은 적이 있다.

월·화·수·목·금·토·일 중 첫날은 비교적 그럴 듯한 비주얼이었다. 그러다가 점차 건더기가 줄면 거기에 소스와 물만 더 넣어 양을 늘려서, 일요일의 카레는 물기도 없이 뻑뻑해져 있었다. 하지만 그렇게 일주일간 카레만 먹어도 좋았다.

이처럼 돈이 없는 상황을 받아들이고 즐겁게 헤쳐나가는 것이 아니라, 가난이 힘들고 괴로운데 아무도 도와주지 않는다고 느끼는 사람은 타인에게 어떤 말을 들어야 위로가 될

까. '타인에게 바라는 말'에는 듣는 이의 미묘한 감정이 숨겨져 있다.

　예를 들면, "아휴, 힘들 텐데 잘 버티고 있네요"라는 말을 듣고는 "네, 힘들어요" 하면서도 우울한 미소를 띠는 사람이 있다. "안쓰러워 보이네요"라는 말을 듣고는 "그렇지요? 제가 좀 불쌍해 보이지요?"라며 자신의 처지를 더 비관적으로 과장하는 사람도 있다. 이럴 때, 사람들은 타인이 무엇을 알아주길 바라고, 무슨 말을 해주길 바라면서 '돈이 없어 힘들다'고 고민을 토로하는 걸까.

　더 이상 '불행'을
　연기하지 마라
　타인이 알아봐주길 바라는 것은 돈 문제에만 한정된 것이 아니다. 가정폭력을 견디고 있거나, 제대로 평가받지 못하는 일을 하고 있거나, 번번이 떨어지면서도 대기업만 고집하며 취업 활동을 하고 있는 사람들이 있다. 그들은 무엇을 바라며 불행 속에서 허우적거리고 있는 걸까?

이 질문에 대해 곰곰이 생각해보면, '당신 잘못이 아니에요. 당신은 열심히 하고 있어요. 그들이 안목이 없는 거예요. 안타깝네요.' 단지 이런 말들이 듣고 싶은 건지도 모른다. 사실 당신은 그런 말들이 듣고 싶어서 장대한 촌극의 주인공을 연기하고 있는 것이다. 이 점을 깨닫는다면 자신이 얼마나 바보 같은 연기를 하고 있는지 깨닫게 된다.

이 촌극의 와중에 있을 때는 열심히 연기하고 있기 때문에 그 점을 알 수 없다. 하지만 촌극에서 빠져나온 후 자신의 모습을 되돌아보면, 도대체 왜 그런 일을 했었는지 이해가 가지 않을 것이다. 지금 주변 사람들에게 '돈이 없다, 힘들다, 괴롭다' 하면서 고민을 토로하는 사람은 '인생을 걸고 촌극을 하고 있다'는 것을 반드시 알아두기 바란다.

편하게 돈 벌면 왜 안 되지?

이쯤에서 질문 하나를 던져본다. '돈을 버는 것은 고결한 일이라고 생각하는가? 아니면 천한 일이라고 생각하는가?' 솔직하게 답해보자. 마음속으로는 '돈을 많이 버는 사람은 추악해. 분명 나쁜 짓을 해서 번 게 틀림없어'라고 생각하면서도, 겉으로는 "돈 버는 재능이 있는 사람은 정말 부러워요!"라고 말하는 사람도 상당히 많다. 당신이라면 어떻게 답할 것인가.

또 한 가지 질문이 있다. '편하게 돈 버는 것에 대해 좋다고 생각하는가? 나쁘다고 생각하는가?' 이 질문은 '편하게 돈 버는 사람을 보면 어떤 기분이 드는가'와 같은 의미다. 이 질문에 대해 '흠, 교활해, 뭔가 나쁜 짓을 하는 게 틀림없어'라고 생각하는가, 아니면 '인생 참 편하겠다. 부럽군!'이라는 생각이 드는가.

좀 더 다이내믹하게
돈을 만지는 사람이 되어도 좋다

이와 비슷한 사례들은 많다. 아침 10시경에 출근했다가 오후 5시쯤에 "자, 그럼 먼저 갑니다~"라고 말하며 퇴근하는 중년의 임원이 자신보다 훨씬 높은 급여를 받는다면 어떤 생각이 드는가? 또 사원은 밤늦게까지 열심히 일하는데, 사장은 매일 밤 유흥가에서 시끌벅적하게 놀고 있다고 가정해보자. 이는 또 어떻게 받아들여야 할까. '히야, 근사한데. 나도 저렇게 살고 싶다'라는 생각이 드는가, 아니면 '이건 뭐지? 뭔가 이상해'라는 생각이 드는가. 이 질문에 대한 자신만의 답을 내놓다 보면 자신이 갖고 있는 '돈의 가치관'에 대해 조금은 알게 될 것이다.

내가 말하고 싶은 점은 '돈을 많이 버는 것, 돈을 쉽게 취하는 것은 나쁜 것이다'라는 생각을 버리자는 것이다. '그럴 바에는 차라리 가난하게 살자'라는 생각을 갖고 있다면 매우 안타까운 일이다. 가난한 상태로는 즐거운 일을 할 수 없을 뿐더러 사회에 공헌할 수도 없다. 하지만 돈을 많이 벌면 평평 토해낼 수 있다. 즉 '다이내믹하게 돈을 회전시키는 사람'이 될 수 있다.

돈에 대해
좀 더 솔직해지자

'이 돈은 착하고, 저 돈은 추하다'라는 생각을 버리고 돈에 대해 좀 더 솔직해지자. 그래야 돈에 대한 나의 태도도 변한다. '좋은 돈은 갖고 싶지만, 추한 돈은 갖고 싶지 않다'라고 생각하다 보면 '돈이 들어오길 바라는 건지, 나가길 바라는 건지' 헷갈리게 된다. '좋은 돈이든 나쁜 돈이든 모두 내게 들어와라!' 하고 마음먹으면 돈은 단숨에 들어온다. 물론 대번에 나가기도 한다. 어쨌든 돈이 들고나는 길을 터놓는다는 것은 매우 중요하다.

당신도 이 '흐름'에 빨리 적응해야 한다. '돈이 들어오는 일'에 '좋다, 나쁘다'는 흑백논리를 가져서는 안 된다는 말이다. '이것은 깨끗한 돈, 저것은 더러운 돈'이라는 색을 입히지 말자. 더러운 돈이든 깨끗한 돈이든 일단 들어온다면, 깨끗하고 즐겁게 사용하면 되는 것이다. 또 부자에 대해 나쁘게 생각하고 말하는 사람은 자신이 부자가 될 가능성이 없다는 자괴감과 두려움을 갖고 있기 때문일지도 모른다. 그렇다면 '돈, 부자'에 대한 악담, 불편한 생각은 누구에게서 전이된 걸까. 혹시 지금 내가 돈에 대해 부정적인 생각이나 박탈감을 갖고 있는 이들에 둘러싸여 있는 것은 아닐까.

자신의 가치를 알면
돈의 흐름도 보인다

부잣집에서 태어난 사람은 어릴 때부터 돈에 대한 결핍이 없다. 당연히 돈과 생계에 대한 걱정은 해본 적이 없고, 누군가에게 무엇을 받는 것에 익숙하다. 그리고 그것을 당연하게 생각한다. 즉 부잣집에서 태어난 사람은 아무것도 하지 않아도, 돈 걱정은 할 필요가 없는 삶에 익숙하다. 하지만 나는 부잣집에서 태어나지 않아서인지 돈 걱정 없이 살아본 적이 없었다. 늘 더 높은 수입을 올리기 위해 열심히 노력했다.

그렇게 게임 점수를 높이듯 열심히 수입 올리는 일에만 집착하던 어느 날, '이제 더는 못하겠어!'라는 순간이 왔다.

그래서 잠시 일에서 손을 뗐는데 뜬금없이 돈이 뭉텅이로 들어오기 시작하는 게 아닌가. 이것을 단식에 비유하자면 '돈벌이 단식'인 셈이었다.

요컨대 스스로에게 이렇게 주문을 외는 것이다. '그렇게 애쓰지 않아도 돼, 그렇게 무리하게 벌지 않아도 돼.' 그리고 급할수록 스스로를 다독여야 한다. '그렇게 초조해하지 않아도 돼, 그렇게 신경을 곤두세우지 않아도 돼, 그렇게 이기려고 안간힘을 쓰지 않아도 돼.' 왜냐하면 안간힘을 쓰지 않아도 그동안 열심히 살아왔다면 충분히 사랑받고 인정받을 수 있기 때문이다. 이것은 직접 '끊어보지' 않으면 알 수 없다. 그동안 최선을 다해 노력했다는 것을 '스스로 깨닫게 되면' 그때 이미 인정받은 것이다.

너무 애쓰지 않아도
충분히 인정받을 수 있다
여러분과 나는 애쓰지 않아도, 초조해하지 않아도 걱정할 필요가 없다. 이미 넉넉하게 혜택받고, 충분히 사랑받고, 풍요롭고, 인정받고 있다. 다만 그것을 '자각하는지 못 하는지'

'아는지 모르는지' 정도의 차이만 있을 뿐이다. 스스로 자신의 가치를 알고 있느냐 모르고 있느냐의 문제인 것이다.

지금 이 순간에도, 어제도, 실은 훨씬 이전부터 그리고 미래에도 쭉 '당신이 사랑받고 있다'는 사실만은 변하지 않는다는 걸 깨닫기 바란다. 그 깨달음만으로도 '돈의 흐름'은 크게 달라진다. 지금은 감이 오지 않더라도 그냥 받아들여주면 좋겠다.

지금 당장은 이런 말들이 이해가 되지 않고 위로도 되지 않을 것이다. '마음은 초조하고 머릿속은 잡다한 걱정에 터질 듯한데 도대체 무슨 소리를 하고 있는 거야!' 하는 반발심도 생길 것이다. 하지만 어느 순간 '앗, 그렇군!' 하고 납득할 때가 온다. 언제 알게 될지는 사람마다 타이밍이 다르며, 어느 날 갑자기 알게 되기도 한다. 그런 날이 꼭 찾아오기를 바란다.

당당하게 대가를 요구하라

내가 주재하는 공부 모임인 'Be트레이닝'에서 회사를 경영하는 한 여성으로부터 이런 질문을 받은 적이 있다. "최근 한 지인의 소개로 일을 받게 되었어요. 그런데 제가 제공하는 서비스의 단가를 정하지 못하겠어요. 얼마로 하면 좋을까요?" 나는 그때 아주 간단하게 대답했다. "자신이 생각한 금액대로 청구하면 됩니다."

그리고 1년 후에 그 여성은 내게 다시 조언을 구해왔다. "그날 선생님께 조언을 들은 뒤로 무서울 정도로 많은 일이 들어왔어요. 그런데 정말로 제가 이렇게 일을 많이 받아도 되는 걸까요?" 얼핏 들으면 고민 같지도 않은 고민이라고 할 수도 있겠지만, 의외로 이 여성과 비슷한 고민을 하는 이들이 많다.

그들의 고민은 주로 이와 같다. '조건이 좋은 거액의 일거리가 계속 들어오고 있어요. 그런데 이렇게 일이 잘되니까 불안하기도 해요.' '요즘 제게 대단한 인맥을 소개해주는 사람이 계속 나타나고 있어요. 왜 그럴까요?' '나만 돈을 버는 것 같아 솔직히 두려워요. 이래도 되는 걸까요?'

어느 날 갑자기 일이 일사천리로 풀리고 귀인들이 제 발로 찾아오니 좋으면서도 은근히 불안한 심리가 발동하는 것이다. 이렇게 굴러들어온 복을 아무 생각 없이 받아들여도 되겠냐는 질문을 받으면 나는 이렇게 말한다. "참 좋은 질문이에요. 답변을 먼저 하자면 바로 'Yes!'예요."

'고맙다'는
말이 가장 좋은 보답
예를 들어 '우와, 이 가게는 케이크가 정말 맛있네!'라고 느꼈을 때, 당신은 '이 가게가 유명해지면, 내가 이용하기 불편할 수도 있겠는데'라는 생각에 이 가게를 소개할지 말지 주저하겠는가 아니면 자신의 블로그에 '맛있어, 맛있어, 맛있어'라고 솔직하게 평을 써서 소개하겠는가. '맛있다'라고 블로그에 쓰는 사람은 케이크 가게로부터 뭔가 보상을 받고 싶은 걸까.

만약 그 케이크 가게 주인이 "저는 당신에게 아무것도 해주지 않았는데, 블로그에 소개해주어서 이렇게 손님이 많아졌으니 어떻게 보답해야 할지 모르겠어요"라며 고민한다면, 그 주인에게 당신은 뭐라고 말하겠는가. 대부분의 사람은 "아닙니다. 맛있으니까 소개한 것뿐이에요"라고 말할 것이다.

내게 상담을 요청한 그 여성의 이야기로 돌아가보자. 그녀는 "단가가 몇 백만 원 정도라면 '뭐 괜찮겠지'라고 생각하겠는데, 몇 천만 원 단위가 되고 보니 솔직히 두려워요"라고 말했다. 하지만 그 여성에게 대단한 인맥을 소개한 사람은 '금액에는 관심이 없는 사람'이다. 누군가에게 인맥을 소개하면서, 그 사람이 일을 발주하든 하지 않든 그 여성이 의뢰를 받든 거절하든 그런 일에 집착하는 사람은 아닌 것이다. 따라서 '이렇게 큰 건을 소개받았으니, 뭔가 보답해야만 한다'고 생각하지 않아도 된다.

그런 사람들이 가장 꺼리는 것은 보상이다. 선의로 한 일을 뭔가로 되받으면 '건넨 선의가 되돌아온' 꼴이 되기 때문이다. 따라서 그냥 '받아두는 것'이 가장 좋은 방법이다. '받다'는 뜻의 한자인 '受^{받을 수}'의 정중앙에 '心^{마음 심}'을 더하면 '愛^{사랑 애}'로 변한다. 그러니 "고맙습니다"라고 진심을 담아 말하는 것이 가장 큰 보답인 것이다.

게다가 '상대의 기대에 부응하는 일' 혹은 '기대를 뛰어넘는 일'을 하려고 노력하지 않아도 된다. '기대를 뛰어넘어야만 해'라고 마음먹으면 긴장을 늦출 틈이 없고 오히려 실수를 하게 된다. 상대는 지금 나의 일처리 능력을 알고 '일을 맡기고 싶다'는 뜻이기 때문에 담담하게 일을 받는 것만으로도 충분하다. 그렇게 했는데 '돈을 지불한 만큼의 가치가 없다'라고 말한다면, 그때 '미안합니다'라고 하면 된다. 물론 약간의 용기가 필요한 일이겠지만.

기대에 부응하려고
너무 애쓰지 않아도 된다

나는 너무 바쁘게 일하고 싶지는 않다. 그래서 거의 매일 전국에서 오는 강연 의뢰를 정중히 거절하고 있다. 내가 하는 거절 방법은 다소 높은 강연료를 제시하는 것이다. 만약 상대가 조건을 수용하면 "그럼, 생각해보겠습니다"라고 말한다. 그리고 상대가 그렇게 높은 강연료를 감수한다고 해서 그만큼의 기대에 부응하려고 특별히 더 애쓰지 않는다. 왜냐하면 '평소에 내가 하고 있는 일'에 대한 가치만큼의 가격을 제시한 것이기 때문에 나는 '평소 그대로' 진행하면 된다고 생각한다.

예를 들어 영화 예고편을 보고 '분명 굉장한 영화일 거야!'라는 상상을 하며 보러 갔다고 해보자. 그런데 막상 보고 나니 그저 그런 내용이었다고 해서 "내 돈 물어내요!"라고 영화관에 따지지는 않는다. 예고편을 보고 그 영화를 보러 간 것은 '손해를 봐도 좋다'는 생각으로 돈을 쓴 것이다. 그처럼 일에 제시된 금액이 자신에게 '조금 놀랄 만한 액수'라 해도 그대로 받으면 된다.

2장. 부자 놀이를 즐겨라

부모님의 은혜는

'감사한 마음'으로 받기만 해도 된다

앞서 이야기한 여성은 아버지가 5살 때 돌아가신 후 어머니 손에 쭉 자랐다고 한다. 그녀는 분명 어머니를 기쁘게 해주어야 한다는 강박을 갖고 있었을 것이다. 홀로 모진 세월을 인내하며 자신을 키운 어머니를 기쁘게 하려고 더 열심히 노력했을 것이다. 고생한 어머니에게 '은혜를 갚아야 해, 효도해야 해'라고 다짐했을 것이다. 그 마음은 어머니에 대한 죄책감과 부채감이다.

하지만 어머니의 입장에서는 '이 아이가 나에게 효도하려고 너무 애쓰고 있구나'라며 오히려 부모로서 안타까운 마음이 들 것이다. "고맙습니다. 그때 고생하며 길러주셔서 감사합니다." 이렇게 진심을 다해 말하는 것만으로도 충분하다. 어머니에게는 은혜를 받기만 해도 괜찮다. 무탈하게 잘 자라만 준다면 말이다. 이렇게 생각하면 내가 가진 능력의 대가로 돈을 받는 것에 대한 죄책감에서도 자유로워진다.

세상과 더 많은 관계를 맺어라

얼마 전, 태어나서 처음으로 자선 파티에 가보았다. '자선 파티'란 다시 말해서 '자금 모집, 기부금 모집'을 위한 파티이다. 주최자는 '룸 투 리드^{Room to Read}'라는 비영리 단체의 창설자인 존 우드^{John Wood}였다. 마이크로소프트사의 간부였던 존 우드가 2000년에 설립한 이 단체는 '개발도상국 아이들에게 읽고 쓰는 능력을 길러주고, 남녀가 평등한 교육의 기회를 가질 수 있게 한다'는 목표를 가진 국제적 NGO 단체이다. 지금까지 개발도상국에 몇 만 개에 달하는 도서관과 학교를 세웠다.

그 자선 파티 참가자 중 절반 이상은 외국인 셀럽이었다.

나도 격식을 갖추고자 턱시도에 나비넥타이까지 매고 참석했다. 전반부 경매에서는 고급 와인이나 호텔 스위트룸에서의 디너 그리고 일본의 대표적인 프로테니스 선수인 니시코리 케이錦織와의 테니스 게임 등 재미있는 상품이 출품되어서인지 참가자들이 빠짐없이 낙찰에 참여했다. 그 낙찰 금액은 모두 기부되었다.

최고의 인맥과 돈줄로
즐거움을 만들어내다

내가 '룸 투 리드'에 관심을 갖게 된 계기는 이 단체의 어마어마한 자금 조달력 때문이다. 또한 주최자인 존 우드가 이 활동을 선의로 끝내는 것이 아니라, 또 하나의 '비즈니스'로 성공시켰기 때문이다. 그는 마이크로소프트사의 간부라는 경력을 이용한 교섭력과 기획력에 행동력까지 충분히 발휘해서 자선 파티를 통해 전 세계 부자들로부터 기부를 이끌어내고 있다.

그는 기부를 '구걸'이 아닌 '비즈니스'로 바꾸었다. 타인의 선의에만 의지하는 것이 아니라, 당당하게 '돈을 주세요'라고 호소한 것이다. 게다가 창업자 본인 역시 풍족하게 살고 있다. 최고의 인맥과 돈줄 그리고 상품을 구성하는 힘을 이용해 그저 '곤란한 처지에 있는 사람을 돕는' 활동에 그치는 것이 아니라, '즐거움까지 만들어내는' 활동을 하고 있다.

그날 나는 갖고 싶은 상품이 별로 없어서 손을 들어 입찰하지는 못했지만, 후반부의 자선행사는 흥미로웠다. 경매 때와는 달리 자선행사에서는 특정 상품에 손을 드는 사람은 모두 그 상품을 구입할 수 있다. 여기에 출품된 상품은 예를 들자면 '책 1만 권 기부에 1150만 원' 같은 식이다. 만약 10명이 손을 들었다면, 총 1억 1500만 원 분량의 책이 기부되는 것이다.

'비난의 말'은
내 안에 있다

하지만 나는 첫 번째 자선 상품 경매 때도 손을 들지 못했다. 조금 전만 해도 '기부해야지'라고 다짐을 했는데도 말이다. '손을 들면 부끄럽지 않을까? 위선은 아닐까? 내 이름을 팔고 싶은 건 아닐까? 돈을 잘못 쓰는 건 아닐까? 허세일지도 몰라, 부자 흉내를 내고 싶은 건 아닐까?' 등의 자문을 반복하는 사이 첫 자선 상품도 마감되었다. 그렇게 내 마음속에서 비난의 말들이 들끓었다.

두 번째 자선 상품은 여성 교육지원에 관한 것이었다. 이는 '룸 투 리드'의 주된 콘셉트 중 하나로 나도 크게 공감하던 바였다. 게다가 나의 이야기를 들어주는 사람은 주로 여성이 많지 않은가. 이렇게 스스로 이유를 찾아내고도 손을 드는 데는 꽤 용기가 필요했다.

'손을 들어볼까? 하지만 정말 기부를 해도 괜찮은 건지 모르겠네. 어떻게 하지…….' 망설임은 계속되었다. 하지만 순간, 마음을 굳게 먹고 과감히 손을 들어보았다. 결국 나는 생애 처음으로 자선 상품을 구입하게 되었다. 이것이 바로 '한 걸음 내딛기'라는 것이다.

일단 '한 걸음'만
내딛어보자
고코로야의 미션 중에 쇠퇴한 사찰의 시주함에 10만 원을 넣어보는 '사찰 미션'이 있다. 그 미션을 수행하려고 시도했다가도 어쩐지 부끄럽고 쑥스러운 마음에 끝까지 해내지 못한 사람도 있다. 좀 더 일상적인 것에서 예를 들어보자. 전철에서 자리를 양보한다든가, 길에 떨어져 있는 쓰레기를 줍는 등의 '좋은 일'을 하는 데도 '부끄럽다'는 마음이 생겨서 이를 이겨낼 용기가 필요하다. 하지만 부끄러움을 각오하고, 과감히 실천에 옮기면 분명 새로운 세계가 펼쳐진다.

한 번 손을 들고 나면 그 다음은 망설임 없이 하게 된다. 이후 다른 자선 행사에서도 나는 전혀 갈등하지 않고 자진해서 손을 들게 되었다. 그러고 나니 굉장히 즐거워졌다. 모두가 앞다투어 손을 들면서 내가 앉은 테이블의 열기가 고조되자 스태프들도 밝게 말을 걸어주었다.

자선 파티를 위선이라든가 자기만족이라고 말하는 사람도 있다. 하지만 나는 그다지 신경 쓰지 않게 되었다. 바로 자선파티의 '게임처럼 즐기면서 돈을 제공받는 구조' 덕분이다. 그리고 '즐겁다'는 감정은 중요하다.

지금, 내가 할 수 있는 일로
세상과 관계를 맺자

내가 참가한 3시간 정도의 자선 파티에서 존 우드가 모금한 총액은 무려 16억 원이 넘었다. 정말 놀라운 일이다. 여기에서 '풍요의 순환 구조'를 엿볼 수 있다. 나도 예전부터 자원봉사나 기부활동에 관심이 있긴 했지만, 어떻게 하면 좋을지 그 방법은 모르고 있었다. 그래서 시작한 것이 오픈 카운슬링이다.

오픈 카운슬링은 기본적으로 무료다. 참가자로부터 '마음이 담긴 돈'을 받고, 그 돈은 모두 기부로 돌린다. 물론 '마음'이기 때문에 얼마를 지불하든 상관이 없다. 무료 카운슬링이란, 카운슬러의 노동 제공과 참가자의 마음이 담긴 돈을 연계시킴으로써 돈이 순환하는 구조를 만드는 시도였다.

2010년부터 혼자서 시작하다가 지금은 고코로야의 정식 카운슬러들에 의해 전국에서 개최되고 있다. '마음이 담긴 돈'의 누계 금액이 머지않아 6억 원에 이를 예정이다. 하지만 존 우드 씨가 단 3시간 동안 모은 금액과는 비교할 수가 없다. 그가 주최하는 기부 조직의 규모와 기부금 규모, 수많은 셀럽이 모이는 파티의 풍경……. 나는 그와 같은 나이지만 그는 내가 도저히 대적할 수 없는 상대라는 생각이 들었다.

하지만 나에게는 '내가 할 수 있는 일'이 있다. 예를 들면 책을 쓰는 일, 이야기하는 일, 노래하는 일, 그리고 작은 기부 등이다. 이렇게 내가 할 수 있는 일의 범위에서 세상과 관계를 맺으면 되는 것이다. 이 자선 파티 이야기를 읽고 '나와는 먼 세계구나, 나는 도저히 못 할 일이야'라고 느끼는 사람도 있을 것이다. 하지만 무슨 일이든 크게 시작할 필요는 없다. 여러분이 지금 있는 곳에서 할 수 있는 일부터 시작하면 된다. 무리하지 말고 조급해하지도 말기 바란다. 움직일 수 없을 때는 움직이지 않아도 좋다.

3장 인생은 가면을 벗는 사람이 이긴다

_만약 100억이 생긴다면 무엇을 할 것인가

3장. 인생은 가면을 벗는 사람이 이긴다

아무지고 사치스럽게 살면 된다

'좋다'는 감각에 민감해지기

'이 일은 해봐야 손해일 것 같은데?'

'저쪽을 택하는 게 더 이득일까?'

'이걸 하면 나한테 뭐가 생기려나?'

    어떤 결정을 해야 할 일이 생기면 누구나 이런 식으로 머리를 써서 득실을 따지기 마련이다. 하지만 이런 생각을 그만두면 오히려 득이 더 많아진다. 내 인생에 큰 변화가 일어났을 때도 바로 '손실과 이득에 집착하지 않게 되었을 때'였다. 물론 머리를 굴려야 잘되는 일도 많다. 하지만 머리를 써서 일하기보다는 마음을 다해야 운의 큰 흐름을 잘 탈 수 있다.

'마음 설레는 것들'로
나를 꾸며보자

'마음을 다한다'는 것은 '좋아하는 일을 한다'는 말이다. 이렇게 이야기하면 "내가 뭘 좋아하는지 잘 모르겠어요"라고 말하는 사람이 꼭 있다. 자신이 무엇을 좋아하는지 알기 위해서는 꾸준히 감성을 기를 수밖에 없다.

그리고 좋아하는 일에는 대단한 일이나 거창한 일만 있는 것은 아니다. 예를 들면, 당신이 항상 신고 있는 신발이 진짜 마음에 드는 신발인지 아닌지를 아는 것도 중요하다. 자신이 일상에서 좋아하는 것을 떠올리며 왜 좋은지 혹은 '좋음의 정도'는 어느 정도인지 느껴보자. 나만의 감성 포인트를 찾아보는 것이다.

앞에서도 언급한 것처럼, 나는 지금도 지미추 구두를 신고 있지만 예전에는 '그다지 마음에 들지 않는 구두' 즉 값싼 구두밖에 신지 않았다. 그러다 보니 신고 있는 구두를 볼 때마다 '내가 이 정도밖에 안 되는 인간이군'이라는 암시에 걸린 느낌이 들었다. 지금 내가 입고 있는 옷, 바지, 코트 그리고 시계, 목걸이, 가방, 펜 등을 한번 살펴보자. 내가 '정말' 좋아하는 것들인가. 꼭 그렇지만은 않다면 더 이상 걸치지 말고 마음이 설레는 것들로 나를 꾸며보자.

손해를 보더라도
마음이 설레는 쪽을 택하자

고코로야 스쿨에서 강사 자격을 취득한 마리코 씨가 아이폰7을 샀을 때의 일이다. 그때 나는 7플러스를 가지고 있었는데, 내 전화기에는 '인물사진 모드'라는 원경을 흐릿하게 처리하는 기능이 추가되어 있었다. 그 기능으로 보정한 사진을 보여주었더니 그녀는 너무나 부러워하며 감탄했다.

"우와, 정말 멋져요. SNS에 올리면 너무 근사하겠어요."
"그럼 7플러스로 바꾸세요!"
"그러고 싶지만…… 아니에요, 제 것도 산 지 얼마 안 되었어요."
"이쪽이 더 갖고 싶은 거 아니에요?"
"그렇긴 하죠. 진짜 갖고 싶어요."
"그럼 이번 기회에 바꾸세요."

"말했잖아요. 이것도 최근에 산 거라고요."

물론 구입한 지 얼마 안 된 스마트폰의 기기를 변경하려
면 상당한 돈이 든다. 큰 손실이다. 하지만 7플러스로 바꾸는
쪽이 단연코 마음을 설레게 한다. 그녀는 전화기를 바꿀 생
각은 없으면서 계속 불만만 토로하고 있었다. 하지만 때로는
손해를 보더라도 '어떤 선택이 인생을 풍요롭게 하는가'에
대해 생각해볼 일이다.

소지품에 한정된 이야기만은 아니다. 선술집에 가면 기본
안주가 나온다. 주문한 요리가 나오기 전에 이것을 먼저 먹
을 것인가, 아니면 먹지 않을 것인가 하는 고민을 할 때도 지
금 정말 먹고 싶은 게 뭔지 생각해야 한다. 먹고 싶지 않은
것을 단지 눈앞에 있다는 이유만으로 '일단' 먹는 사람은 뱃
속을 쓰레기통으로 삼는 것과 다를 바 없다.

'풍요'라는 큰 흐름을
타는 사람

정말 이 음식을 먹고 싶은가, 진짜 그곳에 가고 싶은가, 진

심으로 이 사람과 만나고 싶은가, 이 작가의 글을 정말로 읽고 싶은가, 나의 진심은 어떤 걸까⋯⋯. 자신의 마음과 조금씩 대화하는 습관을 들이자. 타인과의 대화는 공허함을 주는 경우가 많지만, 자신과의 대화는 진심을 깨닫게 해서 충만함을 느끼게 한다.

그렇게 자기 주변을 마음 설레는 것, 좋아하는 것으로 채워가다 보면 쓸데없는 것들에 마음과 시간, 돈을 빼앗기지 않는다. 무엇보다 사물과 일에 대한 감각이 민감해져서 자기도 모르는 사이에 '풍요'라는 큰 흐름을 타게 된다.

인생이라는 번지점프, 선택일 뿐이다

당신은 지금까지 살아오면서 어떤 일에 도전했고, 어떤 일을 과감히 포기했는가. 내가 경험한 가장 기억에 남는 도전은 유원지에서의 번지점프 체험이다. 강연회에서 항상 다른 사람에게 '용기를 내자'라고 말하고 있다 보니, 체면상 내가 먼저 본보기가 되어야겠다는 생각이 들어서 번지점프에 도전하게 되었다.

번지점프대 옆에는 지상 50미터 높이에서 직각으로 떨어지는 '프리 폴free fall'이라는 놀이기구가 있었다. 나는 '옳지! 일단은 프리 폴로 예행연습을 하자'라고 생각했다. 직접 타보니 꽤 만만했다. 기분이 좋아진 나는 '좋아, 다음은 목제 롤러 코스터를 타자' 하고는 도전했는데 이 역시 거뜬히 해냈다.

그리고 드디어 번지점프대 앞으로 갔다. 간단히 서류를 작성하고 계단 위에 올라섰다. 그런데 계단 바닥이 철망으로 되어 있어 발 아래가 훤히 내려다보이는 게 아닌가. 계단을 올라가면서부터 무섭다는 생각이 들기 시작했다. 지상 22미터 높이에 있는 낙하대에는 여성 운영요원이 기다리고 있었다. 나는 그녀가 전달하는 안전수칙 등을 귀담아 들으며 깊은 심호흡을 했다.

인생도 번지점프도
내가 결심하고 뛸 수밖에 없다
"자, '준비, 하나, 둘, 셋, 점프!' 구령에 맞추어 뛰어내리면 됩니다. 발부터 뛰어내리면 줄이 꼬이니까 머리부터 점프하세요! 이제 점프를 준비하세요!!"
"네······."
"자, 이제 뛰어내리시면 됩니다."
"네, 알겠습니다."

"그럼, 카운트합니다. 하나, 둘……."

"자, 잠깐만요!"

그날은 어느 겨울철 평일이었다. 나는 낙하대 위에서 찬바람을 맞으며 30분 동안 고민했다. 여성 요원은 짜증을 낸다든가, "빨리 뛰어요!"라며 종용하지 않았다. 그저 말없이 기다려주었다. 상황이 이러하니 결국엔 내가 결정하고 뛰어내릴 수밖에 없었다. 프리 폴은 자동으로 떨어지기 때문에 체념할 수 있었지만, 번지점프는 오로지 본인의 의지로 뛰는 것이다. 나는 내 몸이 날 수 있도록 가능한 자세를 낮게 잡아보기로 했다.

"좋아, 하나 둘……. 아아, 역시 못하겠어." 이렇게 시도하려다 망설이기를 30분 정도 반복하다가 결국에는 포기하고 말았다. 나는 "죄송합니다. 역시 안 되겠어요"라고 말하고는 계단을 내려왔다. 그러자 지상에서 기다리고 있던 동료들이 "계단을 내려오는 게 더 무서운데. 그게 더 창피하다고"라며 나를 놀려댔다. 그 말을 듣자, 그렇게 창피한 일을 한 게 나라는 생각에 피식 웃음이 나왔다.

내 마음의
'멈춤' 장치를 안다는 것

그날은 평일이라 손님이 많지는 않았지만 내가 뛰어내리기를 주저하는 사이에 다른 손님들이 올라왔다. 나는 뛰어내리지 못하고 머뭇거리다가 대학생쯤 되는 남자 세 명에게 순서를 양보했다. 내가 뛰지 않아도 되는 이유가 생겨서 다행이었다.

그들은 모두 "감사합니다. 그럼 지나갈게요. 하나, 둘, 셋, 점프!" 하고는 순식간에 뛰어내리는 게 아닌가. 그날 이후, 나는 다시 가서 재도전을 시도했지만 역시 뛰어내리지는 못했다. 번지점프는 대형 매트가 아래에 깔려 있고, 발이 로프로 낙하대와 연결되어 있어서 안전하다는 것을 알고 있었다. 그런데도 나는 왜 뛰지 못했을까.

그 원인은 유년기의 기억 때문이 아닌가 생각한다. 어릴 때 나는 옥상에서 뛰어내리는 제법 위험한 놀이를 하며 놀았다. 뛰어내리는 순간 '붕' 하고 떠오르는 부유감이 재미있었지만 동시에 제법 오싹하고 무서웠다. 그런 무서움이 또 느껴지겠지 하는 생각에 번지점프를 뛰지 못했는지도 모른다.

　도전할 수 없을 때, 사람은 뭔가를 기억해내는 경우가 많다. '무엇이 나를 멈추게 하는가.' 그 이유를 알면, 인생이 새롭게 펼쳐지기 시작한다. 내가 번지점프를 뛰지 않은 이유는 바로 이 예를 쓰기 위해서였다^{뻥이다}. 그래도 두려움은 어쩔 수 없다. 어쩌면 이 두려움은 극복하지 않아도 되는 걸지도 모르며, 언젠가 극복하고 싶을 때가 올 지도 모른다. 그보다 더 중요한 것은 두려움은 아무런 조언도 해주지 않는다는 것이다.

나의 어두운 면도 인정하자

새로운 일에 도전할 때는 큰 결단이나 강한 의지, 용기가 필요한 법이다. 그런데 나는 새로운 일에 도전할 때보다 더 큰 용기를 필요로 하는 도전이 있다고 생각한다. 그것은 바로 '지금의 나를 인정하는 것'이다. 어쩌면 이것이 가장 도전적인 일노력이 필요하고, 힘이 들고, 괴로운 일인지도 모른다.

사람들은 대부분 '이런 내 모습을 드러내면 사람들이 실망할 거야'라고 생각한다. 하지만 자신의 어두운 면을 인정할수 있다면, 우리는 정말 강력해진다. 사람은 도전하고 실패하면서 자신의 엉큼함, 형편없음, 부족함을 똑똑히 목격하게 된다. 실패로 초라해진 나, 제대로 도전하지 못하는 나……. 그런 내 모습이 보기 싫고, 타인에게 책잡히고 싶지 않기에 우리는 도전하지 않는 것이다. 이런저런 변명을 하고, 피하거나 거짓말을 하고, 허세를 부린다.

이러쿵저러쿵 말 듣는 것이 싫어서 중요한 일을 회피해가며 지금까지 어찌어찌 살아왔겠지만, 자신의 인생 과제는 그렇게 간단히 도망칠 수 있는 문제가 아니다. '당신에게는 아직 이 도전이 남아 있습니다' 하며, 그 숙제가 다가오고 있다.

실패는 '흔히 있는 일'이라고 생각하자

'도전하다'란, '실패하다, 손해 보다, 상처 입다'와 거의 같은 말이다. 예를 들면 남 앞에서 노래를 부르려고 할 때는 긴장해서 '음정이 빗나가지 않을까, 가사나 기타 코드를 잘못 잡지 않을까' 같은 실수에 대한 두려움이 앞서게 된다. 하지만 실수를 당연한 일로 여기면, 더 이상 두려움을 느끼지 않게 된다. 그저 일반적으로 발생하는 일이 되는 셈이다. 그렇게 되면 사람은 강해진다.

우리가 실패하지 않으려고 노력하는 이유는 '성공이 보통'이라는 생각에 지배당하고 있기 때문이다. 잘돼야 보통이고, 잘 안 되는 건 형편없는 것이라는 생각에 빠져 있으면 당연히 실패가 두려워지는 법이다. 따라서 '실패는 흔히 있는 일'이라는 생각의 전환이 필요하다. 생각을 바꾸면, 설령 실패하더라도 일일이 상처받지 않을 뿐더러 '아, 난 틀렸어' 하고 자괴감에 빠지지도 않는다. 아무튼 그것은 '보통, 흔히' 있는 일이기 때문이다.

어수룩한 점이
당신의 매력이다

게다가 당신의 실수는 타인에게 즐거움을 주기도 한다. 예를 들면 최근 몇 년 사이, 나는 무대 위에서 말할 기회가 늘었다. 그런데 내가 무대 위에서 할 말을 까먹거나, 걷다가 미끄러지거나, 노래 가사를 헷갈리거나 하면 모두들 즐거워한다. 또 블로그 상에서 분통을 터트리거나 시시하고 서툰 말장난을 적어놓으면 모두가 나를 편안해 한다. 당신도 나의 '번지점프 실패' 에피소드를 읽으면서 조금은 즐겁지 않았는가.

유튜브에서 고양이가 실수로 떨어지는 동영상을 보면 정말 귀엽고 재미있다. 야구 같은 스포츠의 진기한 플레이[이 역시 실패 장면]도, TV 드라마나 영화의 NG 장면 모음도 무진장 재미있다. 만약 내가 책에 성공담과 자랑만 늘어놓았다면, 다들 나를 재수 없게 느꼈을지도 모른다. "나는 말이죠, 이렇게 해서 성공했어요, 하하하." 강연회에서 이런 말만 했다면, 모두 자리를 박차고 일어났을 것이다.

실수는 때론 사람의 마음을 놓이게 하고, 때론 미소 짓게 한다. 물론 당신의 실수나 실패를 보고 비웃는 사람도 있을 것이다. 하지만 그런 사람은 애초에 당신 삶에 큰 의미가 있는 사람이 아니니 무시해도 괜찮다.

폼 잡고만 있지 말고 즐겨라

우리는 하는 일마다 모두 잘되기를 바라고, 좀 더 다양한 것을 알고 싶어 한다. 즉 사람은 '성장 욕구'가 있기 마련이다. 하지만 성장이나 좋은 결과를 내는 것보다 더 중요한 일이 있다. 그것은 일을 즐기고 인생을 즐겁게 사는 것이다. 그것이 우리의 첫 번째 '사명'이 아닐까.

인생을 마음껏 즐기고 싶다면, 나라는 인간을 속속들이 드러내자. 좋은 면뿐만이 아니라 못난 면, 추한 면, 지나치게 엄격한 면 등을 몽땅 드러내서라도 내가 즐거운 일을 해야 한다. 그것이 '삶'이다.

도전하지 않는 이유는
얼마든지 찾을 수 있다

즐겁고 마음이 설레는 일에는 마음껏 도전하자. 실패하고, 지독하게 당하고, 웃음거리가 되고, 야단맞고, 손해를 보더라도 그래도 도전하자. 그리고 난 후에, '내가 아직 도전하지 않은 일이 뭐지?' 하며 돌이켜보라. 사실은 하고 싶은 일이었는데, 무언가 두려워서 도전하지 않은 일이 아직 남아 있을 것이다.

즐거운 일을 하고 싶다면 주저하고 있을 때가 아니다. '지금 내가 어떻게 하겠어'라는 생각에 위축되거나, 투정을 부릴 때가 아니다. 이런저런 변명거리를 찾고, 돈이 없다고 투덜대고, 병을 핑계 삼을 때도 아니다. 그런데 이런 핑곗거리를 일부러 만들어서라도 도전하지 않을 때도 있다. 참으로 묘한 일이다.

마음껏 즐기는 것이 두려워 짐짓 병이 나기도 하고, 자신감을 잃기도 한다. 일부러 돈을 마련하는 데 소극적인 태도를 취하거나, 굳이 뭔가 문제를 일으키거나, 비판을 불러일으

키거나, 누군가의 반대를 초래하기도 한다. 우리는 고민이나 문제를 스스로 만들어서 좋아하는 일을 하지 않으려고 애를 쓴다. 왜냐하면 상처받고, 바보 취급당하고, 비웃음당하는 것이 두렵기 때문이다.

하지만 그렇게 해서 자신을 속이는 것은 훨씬 더 꼴불견이다. 그럴수록 인생은 혼탁해진다. 폼 잡고 있을 때가 아니다. 허세를 부리고, 주저하고, 두려워할 때도 아니다. '하고 싶지 않은 일을 하고 있을 때'가 아니라는 말이다. 인생은 아주 짧기 때문이다.

지갑이 빵빵해지면 무엇을 할까?

지금 여러분의 은행 계좌에 100억이 들어 있다고 하자. 돈이 너무 많아서 생활은 전혀 걱정할 필요가 없다. 그런 여러분에게 두 가지 질문을 던질 테니 잘 생각해보자.

'100억이 있어도 계속하고 싶은 일'은 무엇인가.
'100억만 있다면 지금 당장 그만두고 싶은 일'은 무엇인가.

나는 100억이 있어도 사람들 앞에서 강연을 하고 있을 것 같다. 필사적으로 블로그에 글을 쓰고 있을 것이고, 기타를 치면서 노래를 부르고 있을 것이다. 100억이 있다고 해서 더 좋은 기타를 사지는 않을 것이다. 지금 갖고 있는 기타가 너무 좋기 때문이다.

100억이 생기면
무엇을 할 것인가

당신에게 100억이 있다면 무엇을 그만두고, 무엇을 하고 싶은가. 100억으로 어떤 도전을 하고 싶은가. 당신에게도 돈이 없어서 도전하지 못하는 일이 있을 것이다. 그리고 돈이 있어도 도전하고 싶지 않은 일도 있을 것이다. 즉 내가 말하고 싶은 것은 다음과 같다.

'100억이 있다면 그만둘 일'은 지금 당장 그만두어야 할 일이다.

'100억이 있어도 할 일'은 계속해도 좋은 일이다.

'100억이 있다면 시작할 일'은 지금 당장 시작해야 할 일이다.

덧붙여서 이런 상상도 해보자. 내가 타인의 시선 따위를 의식하지 않는 뻔뻔한 사람이라면 무엇을 그만두고, 무엇을 하고 있을까? 돈에 얽매여서 남의 시선 때문에 '하고, 하지 않고'를 결정한다면 그것은 돈 때문에, 타인 때문에, 자신을 억누르며 '나답게 살지 않는' 것이다. 그것은 세상으로부터 받을 상처가 두려워서 자신을 상처 입히는 것이다.

　인생을 살면서 후회한 일을 떠올려보자. '그 일은 하지 말았어야 했는데, 혹은 했더라면 좋았을 텐데' 하고 후회하고 있는 일이 있을 것이다. 당신의 인생 중 가장 심각하게 후회되는 일, 저지른 일에 대한 후회, 못해본 일에 대한 후회는 무엇인가.

　이제 후회는
　그만하기로 결심하자
　'왜 그때, 그 기회를 거절했을까.'
　'왜 그때, 헤어졌을까.'
　'왜 그때, 그 사람에게 말을 걸지 못했을까.'
　'왜 그때, 그 말을 해버렸을까.'
　'왜 그때, 말하지 못했을까.'
　'왜 그때, 그런 일을 저질렀을까.'
　'왜 그때, 그걸 선택했을까.'

제 아무리 성공한 인생을 살고 있다고 해도 후회되는 일은 있다. 인생은 실수와 후회의 연속이다. 당신의 머릿속에 있는 후회들을 지금 이 순간부터 지워버리자. 이 방법은 정말 효과가 있다.

우리는 '후회해야지'라고 마음만 먹으면, 후회할 일들을 끝도 없이 줄줄이 떠올릴 수 있다. 그러니 바로 지금, '이제 그만! 더 이상의 후회는 없어. 끝!'이라고 결심하자. 우리는 후회를 하는 것은 물론이거니와, 후회를 하지 않는 것도 충분히 자신의 의지로 조절할 수 있다. 어쨌든 당시에는 그렇게 하고 싶었을 뿐이며, 설사 신의 계시가 '다른 일을 하라'였어도 분명 따르지 않았을 테니까.

여러분의 마음속에는 예전에 실패한 경험 때문에 포기하고 있는 일이 많을 것이다. 그것을 다시 한 번, 혹은 두 번이라도 좋으니 파헤쳐서 도전해보자. 실패로 좋지 않은 기억을 갖고 있다고 해도 꼭 도전해보자. 물론 재도전, 또 재도전하는 일은 매우 두려운 일이겠지만.

4장 일단 싹둑 끊어보라

_인내심의 속을 들여다보자

욕망을 버리면
이미 갖고 있는
많은 장점이 보일 거예요.
〈고코로야 진노스케〉

4장. 일단 싹뚝 끊어보라

하고 싶은 것을 해보면
알게 되는 사실들

이번 장에서는 자신의 이상적인 라이프 스타일을 만드는 법에 대해 생각해보고자 한다. '이상적인 라이프 스타일'을 모색하는 사람 중에는 의외로 '퇴사'를 선택하는 사람이 많다. 그러나 회사를 그만둔다고 해서 반드시 자유로워지지는 않는다. 회사를 다니면서도 자유로운 사람이 있고, 회사를 그만두어도 자유롭지 못한 사람이 있다.

자신에게 맞는 라이프 스타일이 확립되어 있다는 것은 자유로운 삶의 방식이 형성되어 있다는 의미다. 내가 생각하는 자유로운 삶의 정의는 '내가 하고 싶은 일을, 내가 하고 싶을 때, 내가 하고 싶은 만큼만 하며 사는 삶'이다.

이상적인 인생은
의외의 곳에 있다

예전에 친구와 골프 코치 그리고 프로 골퍼 부부와 함께 태국에 간 적이 있다. 동행한 프로 골퍼는 2년 동안 4번이나 홀인원을 달성할 만큼 좋은 성적을 내고 있는 여성이었다. 그런 사람이라면 일등석이나 비즈니스석을 이용해도 좋을 텐데 의외로 그녀는 이코노미석을 예약했다. 본인의 머릿속엔 애초부터 다른 선택지가 없었다고 한다. 그런데 내가 비즈니스석에 타는 것을 보고는 '어머, 비즈니스석도 가볍게 타고 가네!' 하고 생각했던 모양이다.

여러분의 이상적인 라이프 스타일도 어쩌면 지금의 선택지가 아닌, 상상도 하지 못한 곳에 있을지도 모른다. 사소하지만 새로운 경험을 하는 데 주저하지 말자. 늘 하던 방식으로 선택을 하고 늘 만나는 사람들과만 교류할 게 아니라, 지금의 내 삶에서 약간의 일탈을 해보자. 낯설고 새로운 경험을 하다 보면 의외의 곳에서 내가 꿈꾸는 이상적인 인생을 발견할 수 있다. 이때 감수해야 할 것들에 대해 두려워하지 말자. 물론 지금 자신이 그럭저럭 행복하다면, 굳이 이상적인 인생을 찾아나설 필요는 없다. '분명 아직, 어딘가에 멋진 일이 있을 거야'라는 생각에 찾아나섰다가, 오히려 괴로운 일이 생길 수도 있기 때문이다. 한 번 비즈니스석을 체험해본 후 '이제는 죽어도 이코노미석은 타기 싫어'라는 생각이 들게 되면, 그건 또 그것대로 괴로운 일이다.

직접 해보지 않으면 모른다

비즈니스석의 쾌적함은 알지만, 이코노미석만으로도 충분하다고 생각할 수 있는 것. 그것이 '자유'다. 예를 들면 비즈니스석을 타본 후 이런 생각을 하게 되는 경우다. '비즈니스석을 타보았지만, 나는 체구가 작아서 이코노미석도 전혀 불편하지 않아, 충분해.' '나는 비행기에서 술도 잘 마시지 않고, 밥도 먹지 않으니 이코노미석이 적당해.' 이런 사람은 앞으로 비행기를 탈 때는 자기 생각대로 이코노미석을 선택하면 된다.

하지만 비즈니스석을 탈 여유가 있음에도 불구하고 '난 그런 거 필요 없어'라고 단정 짓지는 말자. 비즈니스석도 이코노미석도 타본 후에 '흠, 나는 이코노미석 쪽이 더 낫겠어'라고 한다면, 그건 또 그런대로 그 사람에게 맞는 라이프 스타일인 것이다.

무슨 일이든 한 번은 해볼 일이다. 어떤 일을 해보지도 않고 그 일은 나와 맞지 않을 거라고 단정 짓거나, 결혼을 해보지 않고 결혼생활을 부정적으로 생각할 필요는 없다는 말이다. 최대한 많은 가능성을 열어두고 기회가 오면 체험해보는 것이 좋지 않을까. 그런 과정을 통해서 비로소 자신에게 맞는 삶의 방식을 찾을 수 있을 테니 말이다.

중단하면 보이는 새로운 것들

일상 속에는 억지로 참아야 할 일들이 많다. 예를 들어 출퇴 근길 만원 전철을 끔찍이 싫어하는 사람이 있다고 하자. 그 런데 그는 억지로 참으면서 지긋지긋한 일상을 계속 이어가 고 있다. 이건 좀 이상하지 않은가. 잠시 각자의 현재 생활을 돌아보자. 이런 일은 보통 있는 일이려니 생각하면서 바꿔보 려 애쓰지 않거나, 불평해서는 안 되는 일이니 감수해야 한 다고 체념하고 있지는 않은가.

그런데 사실은 너무 싫고 견디기 힘든 일은 아닐까? '독신 인 것이 싫다. 혹은 지금의 애인이 싫다.' '남 밑에서 일하는 게 싫다. 지금 함께 일하는 후배가 싫다.' '아슬아슬한 줄타기 같은 생활이 싫다.' 이처럼 실제로는 너무 싫지만 계속 유지하고 있는 일들은 무엇일까? 싫어도 어쩔 수 없는 뚱뚱한 몸매, 마음에 안 드는 머리 모양 등 참고 있지만 정말 싫은 어떤 것들에 대하여 잠시 생각해보자.

'지치는 일'은
중단해보자

나의 경우 회사원 시절을 제외하면, 지금 하는 카운슬링은 기본적으로 좋아하는 일이라 즐겁게 임하고 있다. 다만 좋아서 하는 이 일에도 지치는 부분은 있다. 바로 '한 사람의 이야기를 계속해서 듣고 있어야 하는 점'이다. 단 한 사람의 이야기를 몇 시간씩 줄곧 듣다 보면 결국에는 싫증이 난다.

또 한 가지, 계속해서 앉아 있어야 하는 점이 불편했다. 예를 들면 카운슬러가 되고 나서 초기에는 하루에 4~5명을 대상으로 상담을 했다. 보통 1명당 90분씩 상담하니까 대략 하루에 6시간 동안 계속 앉아만 있어야 하는 점이 또 나를 지치게 했다.

그래서 우선 개인 카운슬링을 중단했다. 직업이 카운슬러인데도 말이다. 그 후에는 한동안 '오픈 카운슬링'을 했다. 오픈 카운슬링은 많은 사람의 이야기를 한꺼번에 들을 수 있어서 나름대로 재미도 있었다. 하지만 이 역시도 앉아만 있어야 하는 건 마찬가지였다.

결국 어느 날인가 그런 인내도 오래가지 않았다. 그러자 깨닫게 된 것이 내가 '듣는 것보다 말하는 것을 더 즐거워한다'는 점이었다. 그래서 최근 몇 년 간은 강연이나 라이브, 팟캐스트, 책 집필 등 일방적으로 내 쪽에서 발신하는 일만 찾아서 하게 되었다.

게다가 지금은 한 달에 4일 정도만 일하면 좋겠다는 생각을 갖고 있다. 나머지 시간에는 블로그나 페이스북에 글을 올리거나 악기 연주를 하는 것이다. 일도 하고, 가끔은 뒹굴뒹굴 빈둥거리기도 하는 그런 삶을 살고 싶다. 결국 이상적인 라이프 스타일을 만들어간다는 것은 무언가를 그만두는 것인데, 그중 '정말 하기 싫은 일'을 중단하는 것이다. 대신 내가 '정말 하고 싶은 일'을 찾아서 해보고 싶다는 열의는 있어야 한다.

나의 비루함을
숨기지 않는다

당신이 '정말 하기 싫은 일'은 무엇인가. 그것은 너무나 당연히 해야 하는 일이어서, 미처 깨닫지 못하는 일이다. 정말 공부하기가 싫은 사람, 남의 지시를 따르는 게 싫은 사람, 타인과의 교제가 불편한 사람도 있을 것이다. 이런 '정말 하기 싫은 일'에 대해서 잠시 생각해보길 바란다.

자신의 이상적인 라이프 스타일을 찾는 가장 간단한 방법은 '중단'하는 것이다. 이는 자신의 '본래 모습으로 돌아가는 길'이기도 하다. 지금까지 잘되길 바라는 마음으로 해왔던 일이라고 해도 하나씩 중단해보자는 말이다. 자신의 이상적인 라이프 스타일을 찾고자 한다면 '잘되겠지'라는 미련 때문에, 혹은 미움받지 않고 비난받지 않기 위해 억지로 '해왔던 일'을 그만두면 된다.

그러면 자신이 미처 알지 못했던 '나다운 스타일'로 되돌아간다. 자신이 목표하고 이상으로 여기던 라이프 스타일이 아닌, 나다운 라이프 스타일이 저절로 찾아진다. 죄책감이라는 저울추를 떼어내보면, 자신에게 맞는 라이프 스타일이 쓰윽 떠오르게 된다. 핵심은 죄책감에서 얼마나 자유로울 수 있는가이다.

음식, 사랑, 성공에 대한
갈망을 끊어보라

내가 실천한 '끊기' 중 대표적인 3가지는 다음과 같다. 단식^{斷食}, 단애^{斷愛}, 단성공^{斷成功}. 이는 바꾸어 말하면 음식, 사랑, 성공을 '바라지 않는다'는 말이다. 음식, 사랑, 성공을 열심히 추구하는 것은 지극히 평범한 일이다. '어떻게 먹고 살 것인가, 어떻게 사랑받을 것인가, 어떻게 성공할 것인가.' 이 3가지는 인간의 삶에 있어서 가장 기본적인 욕구이자 살아가는 동기가 된다.

하지만 바라면 바랄수록 먹고 싶은 것은 더 많아지고, 내 주변에는 나를 진심으로 사랑해주는 사람이 없는 것 같고, 성공하지 못하면 어디서든 인정받을 수 없다는 고민과 강박만 쌓이게 된다. 그러니 이런 갈망을 모두 포기해보자. 그 순간, 뜻밖의 깨달음을 얻게 될 것이다.

깨달음의
두 가지 패턴

더 이상 바라지 말자. 이렇게 마음을 고쳐먹으면 '내게 없다고 생각했는데 이미 있었네'라는 사실을 점차 깨닫게 된다. 깨달음의 패턴에는 두 가지가 있다. 하나는 욕망을 멈추고 보니, '아, 이미 갖고 있었네' 하고 깨닫는 것이다. 또 하나는 '원래 있었다'라는 가정 하에 살다 보면, 더 이상 찾지 않게 되어서 '있다'는 것에 눈뜨게 되는 것이다. 어느 쪽을 선택할지는 원하는 대로 결정하면 된다. 아무런 목표 없이 '바라지 않는' 삶을 실천하다 보면, 나만의 라이프 스타일은 저절로 만들어진다.

나는 2011년에 처음으로 단식을 해보고는 큰 충격을 받았다. 단식을 시작하기 전에는 이것저것 먹을 것을 탐하며, 복부는 물론 전신에 방한복처럼 피하지방을 두르고 있었다. 단식을 시작하기 전에는 '이건 먹어야 해, 저것도 꼭 먹어야 해'

하며 복부에 에너지 벨트를 두르고, 전신에 미트텍^{고기+히트텍}을 입고 있었던 것이다. 그렇게 피하지방이 두툼했을 때는 더위를 몹시 탔는데, 단식 후 피하지방이 줄어들고 나니 추위에 민감해졌다. 날씬한 사람이 곧잘 춥다고 하는 마음을 이해하게 된 것이다.

'끊기'의 충격을
당신도 느껴보라

나의 두 번째 끊기는 '단애', 즉 사랑을 바라지 않는 것이다. 가장 이해하기 쉬운 방법이 자신의 연인에게 끝없이 사랑받고 싶은 욕구를 중단하는 것, 즉 사랑받으려는 행위를 중단하는 것이다. 그러면 실제로는 내가 아무것도 하지 않아도 상대가 더 나에게 애정 표현을 하게 된다. 결국은 내버려두면 되는 것이다.

'단성공'은 업무로 대단한 성과를 내려고 한다든가, 큰 역할을 하려고 애쓴다든가, 누군가의 칭찬을 받기 위해 노력하는 것을 중단한다는 의미다. 바꾸어 말하면 누군가에게 인정받고, 그들에게 기쁨을 주려는 노력을 그만하는 일이다.

나의 경우, 도쿄에서의 업무는 정기 공부 모임인 'Be트레이닝'만 운영하고 있다. 그전까지는 강사 양성 스쿨과 세미나 등 몇 가지 일을 동시에 했으나, 그 일들을 모두 중단하고 현재 살고 있는 교토에 틀어박힌 것이다. 확실히 도쿄 쪽이 훨씬 시장이 크기 때문에 매출도 좋았지만, 모두 정리하고 교토로 들어왔다. 그런데 결과적으로는 매출이 이전보다 몇 배나 더 늘었다.

남들이 정의해놓은 성공의 공식에 내 삶을 대입할 필요는 없다. 나에게 잘 맞고 나에게 의미 있는 성공이 아니라면 과감히 '끊기'를 시도해보자. 모든 걸 잃을 것만 같은 두려움이 앞서겠지만, 실제로 해보면 꼭 그렇지만은 않다.

잃는 것에 대한 두려움을 없애는 연습

사랑과 성공에 대한 욕구를 동시에 끊는다는 것은 '아첨하지 않는다'는 말이다. 아첨을 하지 않으면 약간 무례한 사람, 말을 잘 안 듣는 사람, 다소 무뚝뚝한 사람이 된다. 하지만 아첨을 그만두면 나 자신이 충만해지는 걸 느끼게 된다.

'단식, 단애, 단성공'을 하면 지금 이 순간, 나 자신이 진짜 원하는 것이 무엇이었는지 깨닫게 된다. 더 이상 불필요한 갈망을 하지 않게 되니 충만한 상태를 체감할 수 있다. 음식, 사랑, 성공을 필사적으로 끌어모으려 하지 않아도 '나는 괜찮다'고 느끼게 되는 것이다. 끊고 비워야 비로소 채워진다는 것을 알게 되고, 결과적으로 '음식, 사랑, 성공'이 더 풍요로워진다.

어쨌든 일단은 끊어야 한다. 갈망을 중단해보자. 그렇게 하면 본래 있는 그대로의 내 모습으로 되돌아간다. 있는 그대로의 자신으로 나답게 살아가면 잘 안될 리가 없다. 무엇을 그만둘 것인가. '그만두어야 할 것, 해야 할 것'의 예를 들어보자.

해본 사람만
아는 신기한 체험

우선 가장 잘하는 일을 한 번 중단해보자. 예를 들면 미소 짓기, 타인이 바라는 바를 미리 헤아리고 쓱 움직이기, 눈치 있게 일하기, 남에게 상냥하게 대하기, 타인을 도와주기, 남의 비위를 맞추기, 누구에게나 좋은 사람되기, 양보하기, 품행을 단정히 하기, 누구에게나 평등하게 대하기…….

이는 바꾸어 말하면 타인에게 기쁨을 주는 행위이다. 이런 행위를 내면에 봉인해보라. 그러면 매우 많은 사실을 알게 된다. 사실, 이런 행위들에는 많은 '아첨'이 들어 있다는 걸 알 수 있다. 그리고 또 한 가지 '희생'도 들어 있다. 우리는 어디에서건 조금씩 희생을 하고 있다. 타인이 기뻐해주니까 내가 써야 할 시간을 희생한다. 받아야 할 돈을 희생하고, 자야 할 시간을 희생하고, 나의 생각을 희생한다.

'어쨌거나 기뻐해주니까, 내가 할 수 있는 일이니까' 하게 되는데, 물론 상대가 기뻐해주면 나도 기쁘지만 동시에 내 안에서는 뭔가가 줄어들게 된다. 예를 들어 스마트폰에서 어플을 지나치게 가동하면 데이터가 소비되는 것처럼, 내 안에서도 데이터가 빠져나가는 느낌이다. 아첨이나 희생으로 조금씩 데이터를 소진하다 보면 결국 에너지가 고갈되고 자신은 혼탁해진다.

이제는 가장 두려운 일, '그것만은 안 돼!'라고 생각한 일을 해보자. 나의 경우, 가장 좋아하고 가장 돈벌이가 잘되는 일이 도쿄에서의 사업이었다. 상식적으로 생각하면 그곳에서의 사업을 중단하는 것은 매우 두려운 일이었고, '그것만은 안 돼!' 하는 일이었다. 하지만 과감히 중단을 감행했다.

그랬더니 '어, 이런. 교토에 있어도 되는 거였어' 하고 깨닫게 되었다.

가장 좋아하고 잘하는 것을 그만두고, 가장 두려운 일을 해보는 것은 '죄책감과 공포감'을 떨치는 방법이다. 눈치 없는 사람, 능력 없는 사람, 품행이 단정치 못한 사람이 되는 게 싫고 죄책감도 들겠지만, 착한 사람 코스프레를 중단하고 내 멋대로 마음 가는 대로 해보자. 그러면 신기하게도 죄책감은 그때뿐, 나 자신이 성장하고 있다는 걸 느낄 수 있다.

미운털이 박히거나, 평가가 낮아지거나, 뭔가를 잃을지도 모른다는 두려움이 앞서겠지만 막상 해보면 그렇지도 않다. 오히려 사랑받고, 평가가 오르고, 돈이 많아지고, 인기가 올라가기도 한다. 물론 나에게 화를 내거나 떨어져 나가는 사람도 있다. 하지만 내가 나다운 삶을 산다고 해서, 나와 멀어지려는 사람과는 일찌감치 거리를 두는 편이 낫다. 이것은 해본 사람만이 알 수 있다. 당신도 꼭 시도해보길 바란다.

어떤 '삼매경'에

빠져 살고 싶은가

어느 한곳에 집중해서 마음이 충만해지고 잡념이 없어지는 상태를 '삼매경'이라고 한다. 나는 음악 삼매경에 빠져 살고 싶고, 뒹굴뒹굴 삼매경, 세미나 삼매경, 만화 삼매경에 빠져 살고 싶다. 당신은 어떤 삼매경에 빠져 살고 싶은가? 자녀 양육 삼매경, 멋 내기 삼매경, 독서 삼매경, 요리 삼매경······. 이런 삼매경은 무언가에 대한 집착을 버리고 그로 인한 죄책감에서 자유로워진 후 '충만한 상태'에 이르지 않으면 불가능하다. 어디선가 조바심이 돋아나기 때문이다.

이런 생활은 단지 돈이 많다고 해서 할 수 있는 것은 아니다. 돈이 있고 없음은 '못하는 이유'와는 상관이 없다. 타인의 시선에서 벗어나 죄책감을 버리고 만족스러운 생활을 하기 위해서라도 철저하게 '중단'을 감행해보자. 지금까지 어렵사리 소유해온 것들을 버려보자. 이제껏 힘들게 쌓아온 것들도 버리자. 타인의 호감을 얻기 위해 지금까지 해온 갖은 '아첨'도 그만하자. 여러분은 오늘 당장, 무엇을 그만둘 수 있는가.

이제 '내 차례'라고 생각해보자

지금 여러분에게 '저 사람처럼 살고 싶다'라고 느껴지는 사람이 있는가. 그 사람의 이름을 적어보자. 여러분이 동경하는, 목표로 하는, '저런 삶을 살면 좋겠다'라고 생각한 사람이면 된다. 배우나 유명인도 괜찮다. 흥미로운 점은 우리는 자신이 바라는 것을 영화의 예고편 보듯 상상하고 있다는 것이다. 자신이 손에 넣을 것, 이루어갈 것을 마치 천리안을 가진 사람처럼 이미 알고 있다.

동경심과 반발심은
그 뿌리가 같다

내심 동경하는 라이프 스타일을 가진 사람을 보고도 오히려 반발심을 보이는 사람이 있다. '난 그런 거 바라지 않아, 저런 건 별로야, 나는 좀 힘들 것 같아.' 이런 생각을 바로 떠올리는 사람이다. 자신이 그 사람의 라이프 스타일을 봤을 때 마음이 움직이는지, 움직이지 않는지에 따라 판단하길 바란다. 동경심이 드는지, 반발심이 생기는지 어느 쪽인지는 모르더라도 '왠지 모르게 끌린다'고 느낀다면 마음이 움직인다는 증거다. 이 경우 실제로는 동경심일 가능성이 높다.

- 근교에서 전원생활을 하고 있다.
- 대도시의 가장 값비싼 고층 맨션에 살고 있다.
- 싱가포르에 살면서 때때로 업무차 고국에 다니러 온다.
- 하와이에 살고 있다.
- 대기업의 커리어우먼으로 바쁜 삶을 살고 있다.
- 자신만의 작은 가게를 운영하고 있다.

동경의 포인트는 사람마다 다르다. 검소하지만 자유로운 생활을 동경하는 사람이 있는가 하면, 다른 사람의 주목을 받는 화려한 생활을 동경하는 사람도 있다. 활동적인 커리어

우먼을 동경하는 사람도, 느긋하고 행복해 보이는 주부를 동경하는 사람도 있다. 솔직하게 자신의 마음을 들여다보자.

적당한 곳에
머무르지 마라

동경하는 사람을 떠올리라고 한 이유는 그것이 자신의 모습이기 때문이다. 당신은 이미 자신의 미래를 보고 있다. '당신같이 되고 싶어요'라고 생각한 그 모습이 바로 '당신의 미래'다. 따라서 동경하는 사람을 보았다면 '저건 미래의 내 모습이야'라고 생각하라. 바꾸어 말하면, 포기하지 않아도 된다는 말이다. 즉, 지금의 내 처지만 생각해서 적당히 어울릴 만한 자리에 머무르지 말라는 말이다.

지금 나에게 적당하다고 생각하는 그곳을 뛰쳐나와 '분수에 맞지 않는, 어울리지 않는, 과분한' 곳으로 뛰어들어보자. 훨씬 즐겁고, 더 많이 사랑받으며, 더 잘하고 있는 의외로 멋진 나를 만날 수 있다. 그리고 나를 더 소중히 아껴주는 곳을 발견하게 된다. 그것은 '그렇게 되도록 노력하자'는 것이 아니라, '내가 그렇게 되는 것을 허용하자'는 말이다. 그리고 닮고 싶은 사람이 있다면 서슴지 말고 만나러 가자. 그 사람과 같은 공기를 마셔보자.

나의 '다음 무대' 진출을
허락하자

동경하는 삶을 발견했다면 나의 다음 무대 진출을 허락하자. 사람들은 현실의 삶에 지치고 불만스러워하면서도 선뜻 다른 삶으로 옮겨가지는 못한다. 하지만 동경하는 삶을 찾는 것을 포기해서는 안 된다. 내가 존중받고, 인정받고, 받아들여지고, 호감받고, 풍요를 누리고, 사랑받는 무대로 나아갈 수 있도록 하루빨리 나에게 다음 무대 진출을 허락하기 바란다.

지금 이런 변화를 주저한다는 것은 그것들을 누리는 데 죄책감을 갖고 있어서 자신에게 '허락하지 않고 있다'는 말이다. 그런 죄의식에서 조금씩 벗어나 스스로를 옥죄는 것을 풀어내는 것이 인생의 게임이다. '용서'를 다른 말로 하면 '이제 괜찮아'이다. 즉 더 이상 반성은 필요 없다는 뜻이다.

앞으로는 일절 반성하지 말기 바란다. 오늘부터 '미안하다'라는 말은 금지다. 뻔뻔한 사람은 미안하다고 말하지 않는다. 오늘부터 하고 싶지 않은 일은 중단하고, 가까이 하고 싶지 않은 사람은 멀리 하는 그런 '초뻔뻔이'가 되면 좋겠다. 뻔뻔한 사람이란 한마디로 '죄책감이 없는 사람'이다. 무슨 일이든 '왜 안 된다는 거야?'라고 말하는 사람이다.

반면 죄책감이나 계율에 얽매이는 사람은 '안 돼요'라는 말을 많이 사용한다. '그건 하면 안 돼, 저건 안 하면 안 돼'라고 입버릇처럼 말한다. 이제부터는 당신도 거침없이 말하고, 타인의 제의를 단박에 거절하고, 자신을 우선시하면서 자기애를 고양해보라.

5장 보수적인 성향부터 내다버려라
_유연함을 가지면 일상 속에서 답이 보인다

5장. 보수적인 성향부터 내다버려라

"열심히 날개짓하는 까마귀보다
쉬익 바람을 가르는
솔개가 되어보세요."

시도 때도 없이
'무작정' 열심히 살지는 마세요.
나만의 때가 오면
그때 열심히 하세요.

〈고코로야 진노스케〉

잘못된 노력이 아닌지 되짚어보라

흔히 '열심히 하면 좋은 일이 생긴다'고 말한다. 하지만 무작정 열심히 한다고 해서 인생이 달라지지는 않는다. 무엇을 위해, 어떻게 노력해야 인생이 자유롭고 행복해질지는 생각해보아야 한다. 내가 말하고 싶은 '노력'은 세상에서 말하는 노력과는 약간 차이가 있다.

노력이라고 하면, 보통 '행동하는 것^{doing}'을 떠올린다. 하지만 아무리 적극적으로 행동해도 '자신의 존재^{being}'가 왜곡되어 있으면, 그것은 '번지수가 다른 노력'이다. 마치 경사면에 쌓인 눈이 풀썩 내려앉는 것처럼, 아무리 열심히 해도 열매

맺지 못하고 보상받지 못하는 노력이 될 뿐이다. 따라서 우선은 마음을 온전히 평온하게 가져야 하며, 무엇보다 솔직해져야 한다.

노력이
배신할 때도 많다

세상에 갓 태어났을 때는 누구나 마음만큼은 평온했을 것이다. 하지만 자라면서 주변 환경과 사람들로부터 상처받은 경험 등의 이유로 자기도 모르는 사이에 '어차피'라는 마음의 경사면이 생기게 된다. 토대가 기울어져 있으면 눈이 쌓이다가 폭삭 주저앉게 되는 것처럼, 마음의 경사면에는 아무리 수고와 노력을 쌓아올려 보았자 소용이 없다. 하지만 마음의 경사면을 알고 똑바로 되돌리면, 무리하게 노력하지 않아도 눈은 쌓이기 마련이다. 그렇다면 그 기울어진 면을 똑바로 되돌리기 위해서는 어떻게 해야 할까.

세상에는 노력을 즐기는 사람이 많다. 열심히 하는 걸 좋아하는 사람들, 줄기찬 노력이 가능한 사람들이다. 그들은 열심히 하려고 노력한다기보다는 자기도 모르게, 그냥 열심히 하는 사람들에 가깝다. 게다가 우울증을 앓을 만큼 한도를 넘어서서 열심히 하는 경우도 있고, 열심히 하지 못해 애만 태우는 사람도 있다.

　'노력은 배신하지 않는다'라는 말이 있다. 나 역시 그렇게 생각하며 노력해왔다. 그런데 곰곰이 생각해보니, 그 말에 끔찍하게 배신만 당해왔다. 노력이 꼭 결과로 이어지지는 않기 때문이다. '이렇게까지 열심히 했는데……' 하면서 한탄한 일이 지금까지 수차례나 있었다는 걸 문득 깨닫게 되는 순간이 있다. 열심히 노력하는 동안에는 거기에 집착하고 매달리기 마련이다. 따라서 다른 부분이 소홀해진다. 나의 경우, 일에 매달리다가 가정에 소홀해졌다.

　무작정
　열심히 하지는 말자
　'열심히'란 한곳에 힘을 집중시키는 것이다. 이것은 매우 좋은 일이기도 하지만, 무언가를 심하게 내팽개치는 일이기도 하다. 즉 균형이 무너지고 치우쳐 있는 상태이다. 예를 들면 세상에는 맛있는 음식이 아주 많은데도 돈가스만 먹는 것과 같다. 뷔페에 가서 탕수육만 먹는 느낌이라고도 할 수 있다.

열심히 해서 뭔가를 이룬 사람은 타인에게도 '열심히 하라'고 말한다. 자기가 '열심히 했더니 뭔가 이루어졌다'고 생각하기 때문에 '당신도 열심히 하면 뭔가 이룰 수 있을 거야!'라고 강요하는 것이다. 열심히 하는 걸 좋아하는 사람은 이런 말을 들으면, '그래, 나도 한번 해보자!'라고 생각한다. 하지만 그렇지 않은 사람이 이런 말을 들으면 마음만 괴로울 뿐이다.

시도 때도 없이 '무작정' 열심히 하지는 말자. 내 삶의 균형과 목적을 생각하면서 나만의 때가 오면 그때 열심히 하자. 남들이 하니까 나도 열심히 할 게 아니라, 지금이 바로 내가 열심히 해야 할 때라는 깨달음이 오면 그때 열심히 하자는 말이다.

필사적으로 매달리면
다른 것을 볼 수 없다

어려운 일이 닥쳐도 어떻게든 열심히 노력해서 극복하는 걸 좋아하는 사람이 있다. 나는 이런 사람들을 '알피니스트^{암벽 등반가}'라고 부른다. 그들은 산을 오를 때도 굳이 험난한 골짜기나 암벽을 타고 오르려 한다. 거의 '파이팅, 일발 장전!'의 세계다. 나는 그런 사람들을 보면서 '왜 그런 험난한 일만 하는 거지?'라는 의문을 갖곤 한다. 하지만 도전을 좋아하는 사람들은 어쩔 도리가 없다.

마라톤을 하는 사람도 마찬가지다. 왜 저렇게까지 헉헉대면서 달리는 걸까 하는 의문이 든다. 도전을 즐기는 사람이라면 10킬로미터, 20킬로미터를 달리면서 '달리면 기분이 참 좋아요!'라고 말할 것이다. 나도 옛날에는 육상부에서 활동했기 때문에 남의 말을 할 처지는 못 된다. 하지만 일을 하면서 전력질주 혹은 장거리 경주하듯 끝까지 해내려는 사람들을 보면 조언해주고 싶은 말이 있다.

그것은 '노력'이라기보다
'필사'에 가깝다

옛날에 내가 했던 노력은 지금 생각해보면 '열심히'라기보다 '필사적으로'에 가까웠다. 미움받지 않기 위해, 인정받기 위해, 칭찬받기 위해 필사적으로 했던 것 같다. 물론 당시에는 열심히 할 수 있었기에 그럴 수 있었을 것이다.

필사란 '죽을힘을 다해 거기에 집중하는 것'이다. 그런데 열심히 하는 대상이 한곳에 치우쳐 있으면 오류가 나거나, 문제가 일어나기도 한다. 나의 경우도 그 대상이 일에 집중되다 보니 가정에 오류가 발생했다. 모든 일은 균형을 이루는 것이 정말 중요하다.

마음의 가치관도 마찬가지다. 부정적인 측면으로 치우치면 지치고 재미가 없다. 또 긍정적인 면에만 쏠려 있어도 왠지 불편한 법이다. 날이 쭉 맑기만 해도 좋지 않고, 비만 계속 와도 곤란하다. 역시 적당히 좋은 것이 가장 좋다. 그러니 내 안의 '적당히 좋은 것'을 찾아보자. 적당히 좋은 것이란 맑은 날도 있고, 비 오는 날도 있는 것을 말한다.

맑은 날은 기분이 좋지만, 가끔 비가 내려도 그 또한 좋다. '비가 내리네, 우울하군!'이라고 말하는 것이 아니라, '비가 오는구나!' 하면 되는 것이다. '이 비가 그쳐야 하는데 어쩌지, 빨리 맑아져야 할 텐데!'라고 생각하기 때문에 머릿속이 복잡해지는 것이다. 불행한 일, 슬픈 일, 괴로운 일 등을 모두 부정하고 나의 인생이 '완전 해피하기!'를 바라기 때문에 아픈 사람이 되는 것이다.

스스로
휴식을 선언하는 용기
무엇이든 열심히 하는 걸 좋아하는 사람은 몸이 보내는 '더 이상은 힘들어, 잠시 쉬지 않으면 건강을 해치고 말 거야'

라는 신호를 감지하지 못한다. 하지만 이 신호를 무시하면 삶의 균형은 깨진다. 몸이 나에게 쉬라고 말하는 것은 곧 방전될 것을 암시하는 것이다.

내 사무실에는 전기장판 같은 카펫이 있는데 거기에는 항상 전류가 흐르고 있다. 그리고 컴퓨터 2대와 프린터 등 이런저런 전자기기에도 모두 전원이 연결되어 있다. 나는 사무실에서 우유를 마실 때 항상 데워서 마신다. 어느 날 '우유 좀 마셔볼까' 하는 생각에 무심코 우유를 전자레인지에 넣고 다이얼을 돌렸더니 갑자기 누전차단기가 툭! 하고 내려가는 게 아닌가. 그러더니 전자기기는 물론이거니와 모든 전원이 끊기고, 컴퓨터도 '강제 종료' 상태가 되었다. '앗, 또 깜빡 했네!' 하고 후회한들 아무 소용이 없다.

이런 일이 계속 반복되다 보면, 결국 컴퓨터가 이상해진다. 한 번 차단기가 내려가면 컴퓨터는 강제로 종료되고, 다시 전원을 켰을 때 '컴퓨터가 비정상적으로 종료된 적이 있으니, 주의하여 주십시오'라는 경고 문구가 뜨기도 한다.

그래서 지금은 전자레인지 옆에 '카펫 전원 *끄기*'라고 쓴 포스트잇을 붙여놓았다. 그 종이를 보고 카펫의 전원을 차단한 후에 전자레인지를 사용하고 있다. '더 이상 사용하면 안 된다'라는 선을 내가 인지하게 된 것이다. 그러니 우리도 때로는 스스로 휴식을 선언하는 용기가 필요하다. '강제 종료' 당하기 전에 말이다.

굳이 암벽을 오르지 않아도 된다

다음은 '열심히 하지 못하는' 사람의 이야기이다. 열심히 하지 못하는 사람은 본래 몸이 약하거나, 근성이 없거나, 늘 노력을 강요당하다가 열심히 하는 것이 지겨워지거나 했을 것이다. '할 수 있어!'라는 말에 떠밀려 만화 『거인의 별巨人の星』의 주인공 호시 휴마처럼 달리고 싶지 않은데도 어쩔 수 없이 계속 달려야만 했거나…….

열심히 노력했지만 아무것도 이루지 못한 사람, 노력을 강요당하는 극심한 고통에 시달리는 사람, 본래 몸이나 마음이 약해서 열심히 할 수 없는 사람……. 이런 사람은 그런 일을 경험할 때부터 이미 마음의 차단기가 내려져 있다. 차단기가 내려져 있다는 것은 스스로 자신을 비하하고 있는 것과 같다.

　'나는 노력하지 않아, 나는 뭔가 하려는 의욕이 없어, 역시 내가 문제야!'라고 자책하는 사람은 이제 그만 노력하지 못하는 자신을 용서해야 한다. 노력하지 않는 건 옳지 않다는 생각은 단지 '노력만을 위한 노력'을 하게 만든다. 노력하지 않는 건 나쁜 것이며, '나쁜 것'이 계속되면 자신은 낙오자가 될 테니 무조건 노력하는 사람이 되어야 한다는 강박에 시달리게 한다. 하지만 이런 악순환에서 벗어나야 한다.

　노력이 불가능한 사람은 이런 구조적인 모순이 있다는 것을 알아두길 바란다. 즉, '그래, 노력하지 않는 게 나쁜 건 아니었어'라는 걸 깨닫고, 너무 애쓰지 않아도 괜찮다고 자신을 용서해준다면, 그때부터 뭔가가 작동하기 시작한다. 무엇보다 '노력 불능'이라는 성향이야말로 싫은 건 안 하기에 딱 좋은 재능이다.

즐겁게 평지를 산책하는
사람도 필요하다

알피니스트는 산에 오르는 걸 좋아한다. 험할수록 의욕에 불탄다. 반면에 노력이 불가능한 사람은 평지에서 산책하는 걸 즐긴다. 평지를 산책하다 보면, 맞은편에서 암벽을 오르고 있는 사람이 보인다. 그들은 땀을 잔뜩 흘리며 고군분투하고 있다. 그리고 정상에 서서 '야호!' 하고 소리친다. 이때 콧노래를 부르면서 평지를 걷던 사람은 그 장면을 보고 '아이고, 열심히 하네' 하고 생각하면 되는 것이다.

모든 사람이 알피니스트라면 세상은 숨이 막힐 듯 답답해질 것이다. 세상에는 노력하지 않는 사람도 꼭 필요하다. 인생을 산책하듯 산다는 건 꽤 괜찮은 일이다. 지금까지는 '모두가 암벽을 오르는데 나 혼자 평지에서 피크닉을 하는 건 좋지 않아, 노력하지 못하는 내가 나쁜 놈이야'라고 생각했을지라도, 이제는 부디 마음껏 평지를 산책하길 바란다. 그리고 '암벽을 타는 사람'도 가끔은 평지에서 거닐어보길 권한다.

신이 주는 기회를
놓치지만 않으면 된다

나는 예전에는 '암벽을 타는 사람'에 속했다. 그러다 초원에서 산책하는 법을 배운 후로는 평지를 걷다가도 정상에 다다를 수 있다는 사실을 알게 되었다. 물론 평지만 쭉 걷는다면 정상까지 다다를 수는 없다. 에베레스트나 K2, 야리가타케槍ヶ岳, 나가노 현에 위치한 일본에서 5번째로 높은 산 정상까지 가지는 못할 것이다.

하지만 세상에는 헬리콥터가 있다. 전에는 '암벽을 오르는 것'만이 등산이라고 생각했지만 '헬리콥터로 올라도 상관없다'는 걸 깨달았다. 암벽을 오르고 있는 사람을 헬리콥터에 태우는 일은 매우 어려운 일이다. 바람이라도 불면 바위 표면에 접근할 수도 없다. 하지만 평지를 산책 중인 사람을 헬리콥터에 태우는 것은 아주 간단한 일이다.

문득 떠올린 일이
의외로 실현된다

조금 오래된 이야기지만, 좋은 예를 한 가지 소개하겠다. 한 방송국이 주최하는 강연회에 참석했을 때의 일이다. 그날은 700명 규모의 강연장이 빈자리 하나 없이 가득 찬 날이었다. 그전 같았으면 알피니스트답게 직접 모객 서식을 만들고, 입금을 관리하고, 메일을 보내는 등 청중을 모집하기 위해 엄청난 품을 들였을 것이다. 몇 백 명이나 되는 인원을 모아 관리한다는 건 보통 일이 아니기 때문이다.

그런데 그날의 강연은 우연히 기획되었다. 지금은 고코로야의 인증 강사로 활동 중이며, 내가 주재하는 공부 모임에 참가하던 나가사키 출신의 여성이 '고코로야의 강연회'를 열어보면 어떨까 문득 생각했던 모양이다. 하지만 내가 나가사키의 시골까지 와줄지는 미지수였다고 한다. 그녀는 내게 "나가사키에 한번 와주시겠어요?"라고 조심스럽게 말했다. 나는 대체로 그런 제의를 거절해왔지만, 그때는 왠지 '오케이'라고 말해버렸다.

내가 수락하자마자 그녀는 곧바로 친구에게 전화를 걸었다. 그 친구는 방송국에서 TV 프로그램 기획을 담당하고 있었다. 친구에게 전화해서 '이러이러한 사람을 강연회에 부르려고 하는데 가능할까?'라고 물었더니, '물론'이라는 답변이 돌아왔고, 그 즉시 만나서 이야기를 나누게 되었다. 또 그 담당자는 제의를 받자마자 바로 자신의 상사에게 보고했는데, 상사도 흔쾌히 좋다고 말했다고 한다. 사실 그 상사는 예전에 다른 루트를 통해서 나에게 "강연회 한번 하실래요?" 하고 제의한 적이 있었다. 그때 나는 "아닙니다"라고 거절했었다.

필사적이지 않아도 될 일은 이루어진다

이 에피소드의 포인트는 '어느 누구도 특별한 노력을 하지 않았다'는 점이다. 문득 떠올린 생각을 즉흥적으로 제의하고, 바로 전화해서 담당자들끼리 'OK' 하는 자연스러운 과정의 연속이었다. 그런 우연이 700명이나 되는 사람이 수강하는 대강연회를 만들었던 것이다. 이처럼 필사적인 노력 없이도 성사되는 일들이 많다. 반면 필사적으로 잘해보려고 해도 안 될 때가 있다.

그전까지 내 삶의 방식은 '열심히 혹은 필사적'으로 사는 것이었다. 그런데 이런 우연은 평지를 걷고 있는데 느닷없이 헬리콥터가 내려와 나를 정상에 데려다주는 그런 경험이었다. 물론 열심히 하는 것도 훌륭한 일이다. 하지만 이런 일도 있다는 말이다. 그리고 내가 항상 하는 말이지만, 우연이란 신이 보내주는 계시와도 같은 것이다.

문득 떠오른 일을 그냥 넘기지 마라

'이런 걸 하면 내게 화를 내겠지?'

'이렇게 하면 미움받을 거야.'

'아니야, 어차피 나한테 버거운 일인 걸.'

'전례가 없잖아?'

    우리는 '문득' 떠올린 일을 갑자기 추진하려고 할 때, 상식
· 윤리 · 이성이라는 벽에 부딪힌다. 즉 '문득'이라는 형태로
신의 계시를 받아놓고는 '아닙니다, 신이시여. 그건 안 됩니
다!'라고 말하는 꼴이다.

문득 떠오른 일을
먼저 해보자

사실 여러분 주변에는 기회와 아이디어가 늘 쏟아지고 있다. 중요한 것은 그것들을 자신의 두려움과 불안 때문에 막을 것인가, 막지 않을 것인가이다. 나 역시 두려움 때문에 새로운 제안을 받으면 일단 거부하고 보는 습관을 갖고 있었다. 불과 수년 전까지도 그랬다.

그러던 어느 날 '문득 떠오른 일'이 비록 세간의 상식에서 벗어나는 일일지라도 한번 해볼 필요는 있겠다는 생각을 하게 되었다. '이렇게 하면 저 사람에게는 좋지 않겠지?, 이렇게 말하면 비난받고 바보 취급당하겠지?'라는 생각을 하기보다는 '문득 떠오른 일'을 먼저 실천하게 되었다. 일단 '작정하고, 말하고, 행동한다'는 생각으로 '문득 떠오른 일'을 소중히 여기길 바란다.

우연과 노력 사이에는 상관관계가 전혀 없다. 나 역시 열심히 노력하던 시기에는 마치 필사적으로 날아가는 까마귀 같았다. 까마귀, 상어, 참치가 된 느낌이었다. 끊임없이 날갯짓을 하지 않으면 떨어져버릴 것 같고, 쉬지 않고 헤엄을 쳐야 가라앉지 않을 것 같았다. 절대로 쉬지 못했다. 그러던 내가 언제부터인가 그냥 노력을 중단해보았다. 그러자 '바람'을 타게 된 것이다.

여러분 주위에도 '나다움'이라는 바람이 불고 있다. 그리고 또 한 가지, '타인의 힘'이라는 이름의 바람도 불고 있다. 열심히 쉬지 않고 날갯짓하는 까마귀이기를 포기하면, 솔개가 된다. 쉬-익, 바람을 가르는 소리를 내면서 때때로 날갯짓을 하며 위로 떠올랐다가, 그다음에는 날갯짓도 없이 쭉 단번에 날아오른다. 그러므로 열심히 도전해도 좋지만, 때로는 가볍게 평지를 걸어도 좋다. 위에 오르면 오른 대로, 바람을 타면 탄 채로 몸을 맡기면 되는 것이다.

날갯짓만 하지 말고
솔개처럼 날아올라서 보라

일본인의 유급휴가 사용률은 수년 전까지도 30% 수준이었
다. 최근의 조사에서도 약 50%대로 세계 최하위에 머물러
있다. 반면 프랑스와 브라질은 100%라고 한다. 일본은 지금
까지 태만하지 않은 성실함 그리고 개인의 욕심을 버리고 나
라와 공익을 위해 힘쓰는 마음인 멸사봉공滅私奉公의 정신문화
에 의지해 발전해왔다. 하지만 앞으로는 좀 더 '솔개'처럼 살
아도 좋을 것 같다.

물론 어느 한쪽이 맞다고 단정지어 말하는 것은 아니다.
이제는 '열심히 애쓰지 않아도 성장한다'는 것을 알 때가 아

5장. 보수적인 성향부터 내다버려라

닌가 싶다. 노력하는 일이 절대로 나쁜 것은 아니다. 나도 열심히 노력하며 매달려보고 나서야 '열심히 안 하는' 선택도 있다는 것을 비로소 깨닫게 되었기 때문이다.

그리고 지금까지 노력하지 않았던 사람은 이제 조금씩 자신도 노력할 수 있는 사람이라는 사실에 눈 떠도 좋을 것 같다. 무기력하게 살던 시절은 일단락 짓자. '나는 날갯짓을 하지 않아도 날 수 있는 사람이다' 혹은 '나는 날갯짓을 하는 사람이다'라는 사실을 조금씩 알아가도 좋다는 말이다.

흔들흔들 흔들리다 보면
균형이 잡힌다

내가 자주 찾는 정체사[整体師. 손과 발을 이용해 골격을 교정하고 근육이나 내장의 균형을 맞추는 민간요법 전문가]의 시술은 몸을 주무르거나 누르지 않고 당기지도 않는다. 단지 흔들흔들 흔들기만 한다.

"허리가 아파요"라고 말해도 허리는 건드리지 않는다. 확인만 할 뿐이다. 그리고 몸의 다른 부분을 흔들흔들 흔들기만 한다. 그전까지는 아픈 곳을 주무르고 당겨서 '투둑' 하는 소리가 나는 것이 상식적인 '정체'라고 생각했는데 그는 좀 달랐다. 20분 정도 흔들흔들 흔들기만 하고 끝이 난다. '어, 이게 끝인가?' 하는 느낌이 드는데 시간이 지나면 그 효과가 드러난다. 확실히 지금 나의 몸 상태는 전보다 더 좋아졌다.

이 정체사의 민간요법처럼, 지금 내가 부족한 부분을 채우고 목표를 이루기 위해 '열심히, 있는 힘껏' 하는 것만이 정답은 아니다. 때로는 '요령껏, 느슨하게' 하면서도 쉽게 성과를 올릴 수 있는 일도 있다는 것을 여러분이 알아주길 바란다.

보수적인 성향이 내 발목을 잡는다

'노력'에 대하여 한 가지 더 말해두고 싶은 것이 있다. 노력이란, 일반적인 의미로는 '행동을 많이 하는 것'을 말한다. 하지만 오늘부터는 의식적으로 새로운 두 가지 노력에 힘을 기울여보자.

첫 번째는 '멋대로 자신을 규정하지 않는 것'이다. '나는 무능한 인간이야, 나는 노력이 불가능한 인간이야' 등 자신을 멋대로 규정하지 말자는 것이다. 이것은 생각만 바꾸면 되는 일이기 때문에 노력도 필요 없고, 돈도 들지 않는다.

두 번째는 '용기를 내는 것'이다. 바꾸어 말하면 손해 보고, 미움받고, 바보 취급당하고, 창피당하는 것을 감수한다는 의미다. 실패하고, 남에게 의지하고, 따끔한 맛을 볼 각오를 하는 것이다. 그렇게 열심히 용기를 내길 바란다. 용기를 낸다기보다 '각오를 한다'라고 말하는 것이 이해하기 쉬울 수도 있다.

나의 보수적인
성향을 걷어내라

열심히 자신의 감정을 억누르고 참는 것이 아니라, '손해보면 어때, 누가 나를 미워하면 어때, 바보 취급당하면 어때' 하고 결의를 다지는 것. 그것이 진정한 의미에서의 '노력'이다. 절대 해서는 안 될 일은 망신당하지 않으려고, 손해 보지 않으려고, 미움받지 않으려고 애쓰는 것이다. 이는 단지 바보 취급당하지 않으려고, 나쁜 경험을 하지 않으려고 열심히 행동하는 것이다_{세상은 이런 것을 '노력'이라고 말한다}. 즉 내가 생각하는 '새로운 노력'과는 정반대의 노력이다.

내가 말하는 새로운 노력은, 예를 들면 일을 쉬고 활동을 중단해도 '나는 멋지다'라고 말할 수 있는 용기를 내는 것이다. 단, 만약에 지금 자신의 인생이 아주 잘 나가고 있다면 부디 그대로 쭉 가기를 바란다. 반면 혹시라도 방황한다거나 번민하면서 인생에 변화를 주고 싶다면 지금까지 자신이 회피해왔던 사고방식을 과감히 받아들여 사용하는 '용기'를 내보기 바란다. 자신의 보수적인 성향을 '훅!' 떨쳐버리고, 다음 무대로 나서보자. 그것이 고코로야가 말하는 새로운 노력이다.

자신이 얼마나 멋진지 제대로 보라

파친코 머신 중 '일발대'라는 게 있다. 이 기계의 튤립 꽃잎 모양 구멍에 구슬이 날아 들어가면 '적중했다'고 말한다. 적 중하면 구슬이 많이 쏟아져 나온다오래된 기억이기 때문에 지금도 '일발대'가 있는지 는 잘 모르겠다. 이 튤립은 보통 구슬이 1개 정도밖에 들어가지 않는 크기인데 기본적으로는 닫혀 있다. 그리고 튤립에 구슬이 들 어가지 않도록 못이 늘어서 있기도 하다.

이 튤립의 닫힌 상태는 '억지로 단정하는, 용기를 내지 않 는, 참고 있는' 상태와 같다. 이 튤립의 꽃잎이 열리듯 여러분 들도 '나는 멋지다'라고 생각하면서 마음을 열어보길 바란다.

5장. 보수적인 성향부터 내다버려라

꽃봉오리는 한순간에 '활짝!' 벌어지지 않는다. 꽃잎이 서서히 피면서 '사알짝' 벌어진다.

'마음의 튤립'을
열어본다

마찬가지로 우리도 힘을 빼면 마음이 '사알짝' 열린다. 안간힘을 다해 노력하는 것이 아니라 힘을 빼는 것이다. 마음이 열리게 되면, 파친코의 튤립처럼 '좋은 것, 멋진 것'이 콸콸 쏟아진다. 그런데 왜 닫고 있을까. 그것은 좋은 것이 콸콸 쏟아지면 부담을 느끼는 사람이 있기 때문이다. '너무 요란한 결과가 나오면 어째야 좋을지 모르겠어, 두려워' 하면서 패닉 상태에 빠지는 사람이 있기 때문이다.

마음을 열어놓고, 즉 '내가 좀 멋지긴 하지, 안 그래?' 하는 태도로 산다면 불필요한 것도 들어온다. 비난을 받거나, 노여움을 사기도 한다. 그것이 싫어서 우리는 '마음의 튤립'을 꼭 닫고 있다. 하지만 그렇게 되면 '좋은 것'도 들어오지 못한다. 그러면 또 '좋은 것이 안 들어오네!' 하고 고민하게 된다. 마음의 문은 열어두면 좋긴 한데 그러자니 쓰레기가 들어올 것 같고, 닫아두자니 좋은 것이 못 들어올 것 같고……. 결국 이는 '어느 쪽을 선택할 것인가'의 문제이다.

남들이 알아봐주길
원하는 것을 말해보자

'열다'라는 말은 '어디 한 번 와봐!' 하는 의미다. 좋은 것도, 나쁜 것도 모두 함께 '와봐!' 하고 말할 용기가 있는가. '와봐!' 하고 말하면 '좋아, 들어가주겠어!' 하며 귀찮은 사람이나 이상한 사람까지 다가온다. 그 점을 각오하고 '와봐!'라고 말하지 않는 한, 좋은 것은 들어오지 않는다. 하지만 막상 열어보면 그렇게 '이상하게 보이는 사람' 중에는 꽤 멋진 사람이 섞여 있을지도 모른다.

'와봐!' 하는 각오를 표현하는 다른 말은 '내가 좀 멋지긴 하지. 안 그래?'이다. 하지만 대개의 사람들은 튤립을 닫은 채로 이렇게 말한다. '아무도 나를 이해해주지 않아, 이렇게 열심히 하고 있는데, 이렇게 노력하는데, 이렇게 당신만 생각하고 있는데…….'

5장. 보수적인 성향부터 내다버려라

이렇게 말하는 사람은 '난 멋지단 말이에요!' 하는 자신의 마음을 남들이 알아봐주길 바라고 있다. 그렇다면 솔직하게 말하면 된다. 조금 쑥스럽더라도 '내가 좀 멋지긴 하지, 안 그래?' 하고 약간 뽐내듯 말해보길 바란다. 이때 수줍어하면서 말하면 안 된다. 분명 굉장히 낯간지러운 일이다. 닭살 느낌이 심하게 드는 사람도 많을 것이다. 하지만 그런 감정이야말로 마음이 열리기 시작했다는 신호이다.

6장 눈을 크게 뜨고 다시 보라
_알고 보면 좋아하는 일만 하고 있다

진짜
좋아하는 일

당장
편한일 & 현재만
좋은일

85
75
60
50
40
20

95
55
50
40
25
10

6장. 눈을 크게 뜨고 다시 보라

6장. 눈을 크게 뜨고 다시 보라

당장 편하고 좋은 일은 줄이고
진짜 좋아하는 일을
늘려가세요.

〈고코로야 진노스케〉

일단, 저지르면 인생이 움직인다

내가 책이나 강연회에서 전달하고 싶은 것은 간단하다. 싫은 일은 하지 말고, 하고 싶은 일을 하자는 것이다. 결국 이 말을 하고 싶었다. '좋아하는 것, 하고 싶은 일'을 할 수 없는 이유를 구구절절 늘어놓지 말고, 누군가 실천하는 괜찮은 방법이나 제안을 비판하지 말고 '일단 해보라'는 것이다. 일단 해보면 정체되어 있던 인생이 움직이기 시작한다.

그러기 위해서 우리는 과연 자신이 두려워하는 일에 얼마나 도전할 수 있을까? 우리는 상처받기 싫어서 창피당하기 싫어서 자기가 좋아하는 일을 교묘하게 피하고, 자신이 하고 싶은 일과 가장 비슷한 일을 하며 만족하는 척한다.

마음의 장벽을
어떻게 공략할까

예를 들면 자기가 본래 원하는 일은 화가나 일러스트레이터 같은 '그림을 그리는 일'이라고 하자. 어릴 때 그런 뜻을 내비쳤는데, 다들 "그런 건 타고난 재능이 있어야 해. 노력한다고 될 것 같아?"라는 부정적인 반응을 보이면 잔뜩 움츠러들게 된다. 그런 일을 겪게 되면 마음속으로 '그럼, 화가는 빼자'라고 정한다. 이렇게 가장 하고 싶은 일을 배제하고 나서, 그 다음으로 하고 싶은 일을 찾으려고 한다. 하지만 찾아질 리가 없다. 애초에 가장 하고 싶은 일이 배제되었기 때문이다. 그래서 '하고 싶었던 일과 가장 비슷한 것'을 끌어들이는 것이다.

그것은 가령, 속마음은 참치의 '뱃살'이 먹고 싶었지만, 기름진 것은 좋지 않다는 말을 들어왔기 때문에 붉은 '등살'로도 충분하다고 스스로 주문을 거는 것이나 다름없다. 당연히 맛도 없고, 즐겁지도 않다. 본래 뱃살이 먹고 싶었기 때문이다. 그러나 "뱃살은 안 돼. 어린이가 먹으면 큰일 나거든" 하는 허풍을 들어왔기 때문에 어쩔 수 없이 등살을 선택하고는 '나는 이게 좋아' 하고 붙들고 늘어진다.

일도 마찬가지다. 내가 정말 하고 싶은 일 대신 차선을 택하면 결국 의욕이 생기지 않아서 열심히 하지 못할 뿐더러 꾸준히 하지도 못한다. 좋아하는 일, 하고 싶은 일을 찾지 못하는 사람은 당신이 '지금까지 피해왔던 일들'을 찾아보길 바란다. 그러나 그 진실은 철로 된 장벽에 엄중히 둘러싸여 있어서 쉽게 가닿을 수 없다. 그래서 '내가 정말로 하고 싶은 일이 어쩌면 이건가?' 하는 생각이 문득 스친다 해도 '이것만큼은 아닐 거야' 하며 즉시 봉인해버린다.

'그건 아니야!'가
진짜 하고 싶은 일이다

예를 들어 프로 뮤지션이 되고 싶은 사람이 있다고 하자. 그 사람에게 "프로가 되면 좋겠네요"라고 말하면 "아니에요, 저는 그 정도까지는 아니에요"라는 즉답이 돌아온다. "아니, 그럼 뭐가 되고 싶은 건데요?"라고 물으면, "음, 레코드 가게 주인 정도?"라며 뮤지션의 주변을 맴돌 만한 일로 둘러댄다.

물론 내가 하고 싶은 일의 주변에라도 머물면 그런대로 즐겁기는 하다. 하지만 자기가 정확히 하고 싶은 일은 아니기 때문에 왠지 일이 적성에 잘 맞지 않는 것 같고, 동기부여도 되지 않는다. 그저 그런 삶을 살면서 허송세월을 보내게 되는 것이다. 지금부터는 당신이 '그건 아니야!'라고 부정했던 일을 찾는 방법에 대하여 이야기하고자 한다.

누구나 하고 싶은 일만 하며 살고 있다

충격적인 사실 한 가지가 있다. 실제로 우리는 이미 '자신이 좋아하는 일만 하고 있다'는 것이다. 예를 들면, 나의 강연을 들으러 오는 것도 '좋아서 오는 것'이다. 회사를 쉴 수 없어서 오지 못한 사람은 강연회보다 우선할 만큼 일이 '좋고 중요하다'는 뜻이다. 어쩌면 강연에 참석하기 위해 회사를 쉬기보다 일을 하는 것이 더 좋을 만큼 일에 만족하고 있는지도 모른다. 이 말은 또 그것이 하고 싶은 일이라는 것이다.

예를 들면, 지금 당신이 가난한 상태라고 하자. 그것은 당신이 그 상태에 만족하기 때문이기도 하다. 뚱뚱한 사람은 그 상태가 편해서 뚱뚱한 것이고, 재미없는 일을 하는 사람은 그럭저럭 할 만하기 때문에 하는 것이다.

이해할 수는 없지만
마음이 허용하고 있는 일

지금 하고 있는 일, 보고 있는 것, 듣고 있는 것, 자신의 위치……. 이것들은 모두 자기가 원하고 있는 것이다. 하지만 흥미로운 점은 많은 사람이 "아니요, 좋아서 하는 건 아니에요"라고 반론한다는 것이다.

가령 "사실 저는 아이를 야단치고 싶지 않아요. 그런데도 자꾸 꾸짖게 돼요"라고 말하는 사람에게 "그럼 혼내지 않으면 되잖아요"라고 말하면 "야단을 치고 싶어서 치는 건 아니라니까요!"라는 대답을 듣는 느낌이다. 이런 경우는 '진짜 야단치고 싶지 않았다'는 것도 사실이고, '야단을 쳤다'는 것도 사실이다.

화를 낸 후에 기분이 좋아지는 사람은 별로 없다. 보통은 불편한 감정을 갖게 된다. 하지만 우리는 하고 싶은 일 이외에는 하지 않는다. 즉 실제로는 화를 낸 후에 느끼는 불편한 감정을 맛보고 싶은 것이다. 그리고 그런 감정을 음미함으로써 하지 말아야 할 행동을 또 하게 된 자신을 책망하고 싶은 것이다. 이런 심리를 한마디로 말하면 '보기가 두려운 것일수록 오히려 더 보고 싶어지는 마음'이라고 할 수 있다.

사람은 왜 스스로
이상한 상황을 만드는가

우리는 왜 두렵다는 걸 알면서도 굳이 번지점프를 하거나, 도깨비 집에 가는 걸까. 왜 냄새가 난다는 걸 알면서도 일부러 뚜껑을 열어보는 걸까. 그것은 굳이 불편한 감정을 느끼고 싶기 때문이다. 일부러 번지점프를 하러 가서는 "우왓, 무서워!"라며 아찔함을 느끼고, 곰팡이가 가득한 유리통의 뚜껑을 열고는 "윽, 냄새!" 하며 확인하고 싶은 것이다.

가난한 것도, 뚱뚱한 것도, 미어터질 듯한 전철에 타는 것도 불편한 감정을 느껴서 자신이 형편없는 인간이라는 생각에 잠기고 싶고, 확인하고 싶기에 그렇게 하는 것이다. 여러분은 모두 자신을 이상한 사람이라고 생각하는 것이 좋을 것이다.

자신이 허용하지 않는 일은 좋은 일도, 나쁜 일도 자신의
눈앞에 나타나지 않는다. 싫어하는 상대가 자신의 눈앞에 있
는 것, 그런 마음에 들지 않는 상황이 자신에게 일어나고 있
다는 것은 당신이 그 상황을 긍정할 수는 없더라도 마음이
허용하고 있기 때문이다.

‘나’라는 종교의 계율만
따르며 살 것인가

좋아하는 일만 하면서 살고 싶은가? 그렇다면 스스로 자신을 인정하면 된다. '나는 이렇게 살아도 좋아'라고 허락하기만 하면 된다. 누군가에게 허락을 구하는 것이 아니라, 내가 나에게 허용하는 것이다. 그뿐이다. 하지만 그건 엄청나게 두려운 일이기도 하다.

'좋아하는 일'이나 '하고 싶은 일'에 거부감을 갖는 것은 죄의식이 있기 때문이다. 바꾸어 말하면 마치 종교상의 이유가 있는 것과 마찬가지다. 소고기를 먹어서는 안 된다, 돼지고기를 먹어서는 안 된다, 이혼해서는 안 된다, 수혈해서는 안 된다…….

할 줄 알고, 대단해야만
허용되는 것은 아니다

종교의 계율 때문에 어떤 행동을 할 수 없는 사람들이 있
다. 마찬가지로 우리는 부모로부터 주입된 생각을 계율처럼
소중히 지키며 살고 있다. 즉 부모의 가르침이 자신의 가치
기준이 된 것이다. 당신이 '좋아하는 일만 하면서 살 수는 없
다'고 굳게 믿고 있는 가장 큰 이유는 부모의 가르침 때문이
다. 이는 놀라운 일이다.

"좋아하는 일만 하고 살아도 좋단다"라고 말하는 부모 밑
에서 자란 아이는 좋아하는 일만 하면서 살 수 있다. 그 부모
도 자신의 부모에게서 "좋아하는 일만 하고 살아도 좋다"는
말을 들었을 것이다. 이것은 거의 대대로 이어지는 가르침이
며, 가훈이자 종교다. 하지만 알고 있는가? 종교는 자기가 믿
고 싶은 것으로 바꾸어도 된다는 사실을.

종교를 다른 말로 표현하면 '마이 룰my rule', 즉 나만의 규

칙이다. 또 나 이외의 누구도 나를 속박하지 않는다는 말이기도 하다. 종교를 이유로, 무엇인가를 안 하는 사람은 스스로 자신을 속박하면서 그 세계에 빠져 있으므로 '마조히스트 masochist'라고도 볼 수 있다.

잘하든 못하든
하고 싶은 일은 맘껏 하자

나는 강연회에서 기타를 치며 노래도 부른다. 예전 같았으면 내가 사람들 앞에서 노래를 부른다는 건 상상도 할 수 없는 일이다. '나는 카운슬러다'라는 고집도 있었고, 그것보다 더 중요한 이유는 노래를 잘하지 못하기 때문이다. 하지만 어느 순간 깨달았다. 노래를 잘하는 사람은 이 세상에 그야말로 하늘의 별만큼이나 많다. 그러니 노래를 잘 못하는 내가 사람들 앞에 나설 기회는 거의 없다. 하지만 나는 사람들 앞에 섰다.

노래를 잘 부르지 못해도 사람들 앞에 나서서 노래하는 나를 본 사람들은 모두 '음, 저런 모습도 괜찮군!' 하고 생각할 수도 있다. 물론 모두가 그렇게 생각해주지는 않을 것이다. 그렇더라도 그건 또 그런대로 나쁘지 않다. 즉 '잘한다, 능력 있다, 대단하다'가 곧 '허용'의 의미는 아니다. 잘하든 못하든 우리는 자기가 하고 싶은 일을 마음껏 하면 되는 것이다. 누구의 허락도 필요 없다.

가슴 뛰는 일을 조금씩 늘려가자

우리는 자주 '어쩔 수 없다'는 말로 있는 힘껏 자신을 억제한다. 자신의 삶 중에서 인내가 차지하는 비율이 어느 정도인지 가늠해보길 바란다. 지금 자신이 살아가는 힘의 합계를 100이라고 한다면, '좋아하는 일'과 '참는 일'에 쏟는 힘은 어떤 비율을 구성하고 있는가.

'좋아하는 일: 99, 참는 일: 1'로 쓰고 있는가. 아니면 '좋아하는 일: 1, 참는 일: 99'로 쓰고 있는가. 나는 '좋아하는 일: 85, 참는 일: 15' 정도의 비율로 힘을 쓰고 있다. 아직 100까지는 이르지 못한 상태다. 하지만 예전에는 좋아하는 일에

6장. 눈을 크게 뜨고 다시 보라

고작 15 정도밖에는 쓰지 못했다.

일단 참는 일을
줄여보자

각자 이 비율에 대해 생각해보자. 만약 참는 비율이 50을 넘는 사람이라면, 그는 참고 싶어서 참는 것이다. 그 점을 본인이 자각하고 있는지의 여부와는 상관없이 그편이 안전하고 무난하다고 생각하기 때문이다. 반면에 지금 '좋아하는 일: 50, 참는 일: 50' 정도라면, '좋아하는 일' 쪽을 좀 더 늘려보자. 가장 간단한 방법은 '참는 일'을 줄이는 것이다. 참는 걸 줄이면, 저절로 좋아하는 일이 늘어난다.

자신이 뭘 좋아하는지 잘 모르는 사람도 일단은 '참는 일'을 줄여보자. 예를 들면 말하고 싶은 걸 말하지 못하거나, 가고 싶은 곳에 가지 못하는 그런 모든 것을 포함해서 참는 일을 줄이자. 어렵사리 좋아하는 일을 찾아내고도 미뤄둔 채, 하고 싶지 않은 일을 하고 있다면 좋아하는 일에 써야 할 시간이 사라져버린다.

나의 경우는 카운슬링이라는 재미있는 일을 찾아냈지만, 회사에 다니면서 동시에 하는 건 불가능했다. 막상 좋아할 만한 일을 찾았더니 몹시 두려운 일이 발생한 것이다. 바로 지금 하는 소중한 일을 포기해야만 했던 것이다.

꾹 참아가며 했던 일을 '이제 그만두자'라고 작정하면, 하고 싶은 일이 좀 더 분명해진다. '아하, 내가 좋아하는 게 바로 이거였구나' 하고 깨닫게 된다. '좋아하는 일, 긴장감을 주는 일, 설레는 일, 충족감을 주는 일' 등 다양한 표현이 있겠지만, 하고 싶지 않은 일을 중단하면 그런 것들이 너무나 확연하게 눈앞에 드러난다. '맞아, 내가 하고 싶었던 게 바로 이거였어!'라는 깨달음이 섬광처럼 번쩍일 것이다.

분위기를 즐길 줄 모르는
사람의 말은 듣지 않아도 된다

누구에게나 하고 싶었는데 하지 못한 일이 있다. 여기에는 늘 '부끄러움'과 '겸손'이라는 키워드가 따라다닌다. 나 역시 노래를 잘 못해서 사람들 앞에서 노래한다는 건 매우 부끄러운 일이고 민폐가 아닐까 하는 생각에 사양하곤 했다.

하지만 진짜 이유는 남들에게 안 좋은 말을 듣거나, 미움 받을지도 모른다는 두려움 때문이었다. 그러다 어느 날 용기를 내어 노래했더니 의외로 즐겁다는 반응이 돌아왔다. 그래서 우쭐해져서는 더 신명 나게 노래를 불렀다. 그러니까 여러분도 주저하지 말고, 하고 싶은 일을 하면서 즐겨보길 바란다.

우쭐해지고 신명이 난다는 게 나쁘게 들릴 수도 있지만, '리듬을 탄다'라는 매우 좋은 뜻을 담고 있기도 하다. 물론 주변의 부추김대로 신명을 즐기다 보면 '저 녀석 우쭐대는 꼴하곤!' 하며 노여워하는 사람도 있다. 하지만 그런 사람은 분위기를 즐길 줄 모르는 사람, 즉 '참는 사람'이니 신경 쓰지 않아도 된다.

모처럼 좋아하는 일을 하면서 마음껏 즐기고 있는 것이니만큼, 분위기에 찬물을 끼얹는 '참는 사람'과는 어울리지 않아도 좋다. 나만의 리듬을 타면서 지독하게 혼도 나보고, 와장창 두들겨 맞아보기도 하자. 남의 시선 따위는 중요하지 않다는 걸 스스로 깨닫게 될 것이다.

부끄러움을 당할수록 성장한다

사람들은 자신이 하고 싶은 일을 두고 '아직, 그건 좀⋯⋯'
이라는 말을 하곤 한다. 이렇게 망설이며 뒷걸음질 치는 이
유는 실패에 대한 두려움과 체면을 구길 수 있다는 생각 때
문이다. 물론 꿈꾸던 일을 막상 시작하면 굉장한 치욕을 겪
을 수 있다. 엄청나게 바보 취급을 당하거나, 가능성이 없으
니 좀 더 현실을 직시하라는 식의 핀잔을 듣기도 한다. 그래
서 어떻게든 창피당하지 않고, 미움받지 않아야겠다는 생각
에 마음은 더 움츠러든다. 그럴수록 꿈이 이루어지는 지점과
는 더 멀어지는 것이다.

꿈꾸던 일을 실행하다 보면 실패도 하고, 다른 사람의 웃음거리가 되기도 한다. 누군가의 노여움을 사게 될 수도 있고, 질책을 당하거나 돈을 다 써버리기도 한다. 하지만 그래도 꿋꿋하게 돌진해보자. 남들 시선이 뭐가 그리 중요한가. 그리고 돈이란 나를 알거지로 만들었다가도, 어느 날 갑자기 내 앞으로 성큼성큼 다가오기도 한다. 그때까지 얼마나 잘 버텨내는가가 관건이다.

가장 두려운 일을 견뎌내면
보이는 파라다이스

좋아하는 일만 하며 살기 위해서는 '가장 싫어하는 일'을 견뎌볼 필요가 있다. 뚱뚱한 사람이 날씬하고 멋진 몸을 갖기 위해서는 정말 피하고 싶은 공복만큼은 견뎌야만 하는 것처럼 말이다. 당신이 가장 두려워하는 것, 접촉하고 싶지 않은 것, 보고 싶지 않은 것은 무엇인지 생각해보자.

지금껏 두려워서 피해왔던 것들을 견뎌내지 않으면 진짜 좋아하는 일, 하고 싶은 일은 이루어낼 수 없다. "열심히 찾았지만 좋아하는 것이 딱히 없네요. 이런저런 워크숍에 가서 많은 꿈을 적어보았지만 실패했어요"라고 말하는 사람은 그것을 견뎌내기 싫어서 핑계를 대는 것이다.

'그래도 한다!'라며
밀고 나갈 수 있는가

회사를 그만두어야만 하거나, 비난을 감내해야만 하는 등 자신이 가장 꺼려하는 일을 견뎌내지 못하는 사람은 아무리 열심히 노력해도 목표한 지점에는 절대 도달할 수 없다.

좋아하는 일만 하며 살기로 작정하면 자신의 가장 큰 트라우마가 드러날 수 있다. 살면서 늘 피해왔던 것, 보고 싶지 않았던 것이 좋아하는 일만 하면서 살기로 결정한 순간 눈앞에 딱 들이닥친다. 이는 몹시 두려운 일이다.

그래서 "음, 역시 포기할까봐"라고 말하며 후퇴하든가, "그래도 나는 한다!"라고 말하며 밀고 나가든가 결정해야 한다. 그 결정에 따라 인생의 모양새는 완전히 달라진다. 즉, 좋아하는 일은 이제껏 자신이 외면해왔던 과제를 뛰어넘기 위한 도구이며, 강력한 원동력인 것이다.

의미 없는 일에

돈을 쓰는 경험

돈 때문에 하고 싶은 일을 추진하지 못하는 이들에게 내가 권하고 싶은 것이 있다. 바로 '사찰 미션'이다. 사찰 미션의 가장 큰 의도는 엉뚱한 곳에 돈을 써보는 것이다. '돈을 함부로 쓰면 되는 일이 없다'라는 교훈을 떠올리는 이들이 있을 것이다. 하지만 그 돈을 엉뚱한 곳에 써본다면 '돈을 시궁창에 버린다고 해서 갑자기 가난뱅이가 되거나 불행해지지는 않는다'라는 사실을 알게 된다. 동시에 '돈이 사라진다'는 공포가 환상임을 체감할 수 있다.

따라서 사찰 미션 혹은 다른 방법으로라도 의식적으로 '의미 없는 일'에 돈을 써보자. 분명 마음속으로 뭔가가 달라지는 걸 느끼게 된다. 이것은 체험해본 사람만이 알 수 있다. 사람들은 돈을 쓸 때 '당장 유용하고 의미 있는 곳에 써야 한다'는 강박관념을 갖고 있다.

그런 마음이 잘 드러날 때가 사찰에서 기도할 때이다. 시주함에는 천 원을 넣고 '좋은 인연을 만나게 해주세요'라고 빈다. 그 후 제비뽑기 점을 볼 때는 만 원을 쓴다. 그때는 '만 원과 제비뽑기 점괘'가 교환할 만한 가치가 있다고 생각하기 때문이다. 다음에는 작고 귀여운 부적을 만 오천 원에 산다. 하지만 삼만 원짜리 번듯한 액막이 부적은 단지 '비싸다'는 이유로 구매하지 않는다.

그런데 사찰에 가서 점괘를 보고 귀여운 부적을 사는 데 는 돈을 쓰면서, 시주함에는 천 원을 넣고 기도하고 액막이 부적은 비싸다고 사지 않는다. 그 이유는 뭘까? 가장 중요하 고 꼭 하고 싶은 일은 지금 당장 이루어질 가능성이 없다고 생각하기 때문이다. 하지만 당장 이루어지지 않을 일에도 돈 을 써보자. 의미 없는 일에 돈을 쓰는 경험만으로도 뭔가 깨 달음을 얻을 수 있다.

7장 잡초면 어때? 쑥쑥 자라면 되지
_다음 무대가 기다리고 있다

꽁꽁 잠궈놓은
마음의 문을
활짝 열어보세요.
〈고코로야 진노스케〉

"활 짝"

삐뚤 삐뚤 자라도 쑥쑥 자랍니다.
"즐기기만 한다면."

주눅 들지 않고
비뚤어지지 않고
비비 꼬지 않고
'솔직하게' 살아보세요.

〈고코로야 진노스케〉

내 안의 미개발 스펙을 발견하는 재미

사람은 누구나 '성장'을 좋아한다. 자신의 성장뿐 아니라 어떤 사물이나 사람을 성장시키는 일에도 기쁨을 느낀다. '야채나 화초 키우기가 즐겁다, 아이돌을 육성하는 데 보람을 느낀다' 등 대상이 무엇이든 성장하고 발전하는 모습을 보는 건 분명 흐뭇한 일이다. 나도 오랫동안 막연하게 '성장해야 한다'는 생각을 하며 살아왔다.

미리 결론을 이야기하자면, 이 장에서 이야기하는 성장이란 '열리다'의 의미이다. 가장 비슷한 말로 바꾸어보면 '탈피하다'라는 말이다. 세미나나 강연회에 가면 '열려고도, 탈피하려고도' 하지 않고, 그대로 '응고되어 있는' 사람이 많이 보인다. '인생을 번데기로 끝내려는 건가?' 하는 우려가 들 정도로 굳어 있는 사람도 있다. 이런 사람들은 어떻게 해야 '탈피'할 수 있을까?

'아하, 괜찮구나!'
고정관념이 깨지는 신호

'열림, 탈피'를 경험할 때 나오는 말이 '괜찮구나!'이다. 이 말이 터져나올 때가 바로 내가 열리는 순간이다. 또 다른 말에 비유하자면 병뚜껑이 '펑' 하고 열리는 순간과 같다. 지금까지 자신을 감싸고 있던 상식이라는 껍데기가 깨지는 순간이다.

그것은 예를 들면, 컴퓨터나 스마트폰의 천 가지 기능 중에 일곱 개 정도만 겨우 쓰고 있다가 그동안 몰랐던 기능이나 키보드의 단축키 등을 배우고 나서, '아하, 이렇게 간단한 거였어?' 하고 깨닫는 일이다. 새로운 소프트웨어나 앱을 더하는 것이 아니라, '이미 있는 것'을 사용하는 것. 이것이 바로 고코로야가 생각하는 '성장'이다.

고코로야식 성장은 새로운 지식이나 노하우를 더 배우는 것이 아니라, 자신을 열어가면서 자기 안에 아직 사용되지 않고 있던 부분을 활용하는 것이며, 무의식중에 사용해서는 안 된다고 여겨왔던 힘을 다시 사용하는 것이다.

'과도한 보안장치'를 하나씩 걷어내면서, 혼자 하려고 애쓰지 말고 부탁할 것은 부탁하자. 그러면 내가 할 수 있는 일은 점점 늘어나고, 새로운 것을 시도하는 데 두려움도 조금씩 사라지게 된다. '어디, 한 번 해볼까? 괜찮을 거 같은데'라는 생각을 하게 되는 것이다.

용기 있게 나서는 사람은
두려울 것이 없다

항상 하는 이야기지만, 자신이 열리기 위해서는 어느 정도의 손해를 감내해야 한다. '이번엔 져도 되지 뭐.' '이제 용서해도 되겠지?' '창피 좀 당하면 어때.' 이렇게 과감하게 나를 내려놓는 순간, 활짝 열린다. 그것은 또 지금까지 저항하고 있던 것에 대하여 '아무래도 상관없어' 하는 마음으로 힘을 빼는 순간이기도 하다.

우리가 가장 '피하고 싶은 일'은 현재의 자기 모습을 인정하는 일이다. 지금의 못난 나, 발전 없는 나, 아무것도 할 수 없는 나……. 그런 나를 괜찮다고 인정하는 것이 가장 피하고 싶은 일이 아닐까.

지금의 나를 인정하는 것은 현재의 삶을 졸업하는 일이기도 하다. 지금 내가 꼭 해야만 하는 일, 지금 내가 깨달아야 하는 일을 알게 되는 순간, '그동안 정말 수고했어. 이제 졸업이야!' 하면서 다음 무대로 나갈 수 있다.

'괜찮다'라는 말은 큰 힘이 있다

지인 중에 후지사와 아유미라는 연애 관련 책을 많이 쓰는 작가가 있다. 그녀는 매우 재미있는 주제의 글을 블로그에 연재한다. 가령 '내가 좋아하는 사람은 나에게 호감을 보이지 않지만, 내가 싫어하는 사람은 나에게 금방 호감을 보여요. 왜 그럴까요?'와 같은 질문과 그에 대한 답을 쓰는 식이다.

이는 나도 자주 받는 질문이다. 후지사와 씨의 말에 따르면, 좋아하는 사람에게는 잘 보이기 위해서 자신을 포장하게 되지만, 싫어하는 사람에게는 어떻게 보이든 상관없다는 생각에 자신을 있는 그대로 내보이기 때문이라고 한다.

있는 그대로의 모습이
더 매력적이다

자신의 모습을 있는 그대로 보이면 오히려 더 호감을 얻을 수 있다. 이는 지극히 당연한 현상이다. 따라서 관심 없는 사람에게 대하던 태도로 좋아하는 사람을 대하면 된다. 그렇게 하면 내가 좋아하는 사람도 나에게 관심을 보이게 된다.

마치 '그냥 나를 싫어하세요'라고 말하는 듯한 건방지고 거만한 태도로 좋아하는 사람을 대하면, 상대는 '어, 이 사람 뭔가 다른데!'라는 생각을 할지도 모른다. 반대로 싫은 사람에게 호감을 받는 것이 부담된다면, 호의적인 얼굴로 대해보길 바란다. 물론 이론상은 그렇지만, 어쩌면 더 많은 호감을 받게 될지도 모른다. 만약 그런 일이 일어난다면 그건 그만큼 당신이 매력적이라는 뜻이다.

상식이
뒤집히는 순간

'괜찮다'를 한자로 표현해보면 '허용'이다. 즉 허락한다는 뜻이다. 지금까지 금지하고 있던 것, 하면 안 된다고 억누르고 있던 것을 허용해보자. 이 허용의 힘은 대단히 크다. 예를 들면, 100미터 달리기의 경우 10초의 벽을 넘지 못하던 시대에는 '인간이 100미터 달리기에서 10초대 벽을 깨는 건 불가능하다'라는 생각이 지배적이었다. 그러다가 어느 한 사람이 그 벽을 훌쩍 뛰어넘었더니 '오오, 기록이 깨지네!' 하고 인정하게 되었고, 그 순간 세계는 또 한 번 달라졌다.

'괜찮다'라는 말은 굉장한 힘을 가지고 있다. '괜찮다'라고 생각한 순간, 지금까지 가지고 있던 상식이 빙그르르 뒤집힌다. 할 수 없고, 해서는 안 된다고 스스로 억눌러왔던 것들도 하나씩 기지개를 켠다. '괜찮다'라고 되뇌며 오랜 고정관념을 하나씩 뒤집어보면서 자신을 활짝 열어가길 바란다.

내버려두는 일에도 용기가 필요하다

직장생활을 할 때 나는 종종 회사 내 사원 연수를 담당했었다. 그때 나는 '사람은 일정한 프로그램이나 커리큘럼을 통해 어느 정도의 도움을 받지 않으면 성장하기 힘들겠구나' 하는 생각을 하게 되었다. 물론 그것은 사실이다.

카운슬링을 시작할 즈음에도, 강사 양성 강좌에 신청한 수강생들에게는 '카운슬링 기술'부터 일단 가르쳐야 한다는 생각에 나의 노하우를 열심히 전수했다. 그러나 『기적의 사과奇跡のリンゴ』를 읽은 후부터는 그런 고정관념을 모두 지워버렸다.

사람은 내버려둘수록

성장한다

이 책은 세계 최초로 '농약을 사용하지 않은 사과' 재배 연구에 성공한 농부 기무라 아키노리木村秋則 씨의 이야기를 담고 있다. 대대로 사과농장을 해온 그는 농약을 칠 때마다 아내가 앓아눕자 새로운 재배 방법을 찾기로 결심했다. 잡초도 뽑지 않고, 비료도 일체 사용하지 않는, 즉 '사과를 재배하기 위해 꼭 필요한 작업'을 모두 배제했다. 그 결과 건강한 사과가 완성되었다. 물론 그는 부단히 노력했다.

농약 사용을 멈추자, 6만 평 농장이 순식간에 벌레로 초토화되었고 그는 파산에 이르렀다. 그러던 중 자살하려고 올라간 산에서 탐스러운 열매를 맺은 도토리나무를 발견하곤 섬광 같은 깨달음을 얻는다. 농약 한 방울 뿌리지 않은 숲속의 푸르른 나뭇잎들을 본 것이다. 그 비결이 나무가 뿌리를 내린 흙에 있다는 것을 알아차린 그는 산에서 내려와 사과 밭의 흙을 관찰한다. 이후 사과 밭에 잡초를 내버려두고, 흙이 본래의 생명력을 회복할 수 있도록 노력한 끝에 9년 만에 결실을 맺었다.

‘어, 그래? 그럼, 사람도 마찬가지가 아닐까?’ 이 책을 읽고 내가 처음에 했던 생각이다. 그때부터 고코로야식 ‘방목 이론’을 만들기 시작했다. 단, ‘내버려두는’ 일에는 상당한 용기가 필요했다. ‘실패하면 불만이 터져나오지 않을까’ 하는 불안감도 있었다. 그래도 포기하지 않고 꾸준히 지켜보았더니, 사람도 역시 내버려두면 둘수록 성장한다는 사실을 깨달았다.

예를 들어, 그때 운영 중이던 카운슬링 스쿨의 경우 수강생의 학습 완성도를 높이기 위해 이런저런 커리큘럼을 제공하고 있었다. 그런데 커리큘럼을 느슨하게 짤수록 수강생들은 더 열심히 공부하는 게 아닌가. 그래서 더 이상 필요 없다고 판단되는 커리큘럼들을 마구 버리게 된 것이다.

누구나 깜냥대로
학습하는 힘이 있다

그렇게 마구 버렸더니, 수강생들이 ‘스스로 배우고, 나름대로 성장하는 일’이 일어났다. 정말이지 뼛속 깊이 새길 만한 깨달음이었다. 그리고 그때부터 나는 편해졌다. 누군가의 성장이 나의 목표가 될 때, 성장의 대상이 되는 사람은 '나는 꼭 나아져야만 해'라는 생각에 지쳐간다. 스스로 배우고 익히려는 의지를 가질 여유가 없다.

게다가 성장을 책임져야 할 사람도 상대의 성장 정도를 항상 지켜봐야 하고, 자기 자신도 계속 성장해야만 본보기가 될 수 있다. 이처럼 '누군가를 성장시키려는 의지'는 서로를 고통으로 몰아넣는다. 그래서 이제는 '저 사람이 계속 성장하든 안 하든 어느 쪽이든 괜찮아' 하고 생각한다. 왜냐하면 실제로도 괜찮기 때문이다. 게다가 신기하게도 그렇게 생각하면 할수록 그 사람은 더 성장한다. 내가 손을 덜 내밀수록 더 성장한다. 자녀 양육도 분명 마찬가지일 것이다. 다만 지켜봐주고 용기를 줄 필요는 있다.

카운슬링을 할 때도 마찬가지다. 나에게 상담해오는 이에게 내가 감동적인 이야기로 고민을 해결해주기 위해 애쓰지 않거나 변화를 강요하지 않을수록, 그들은 스스로 문제를 해결하기 위해 노력한다는 패러독스를 깨달은 것이다.

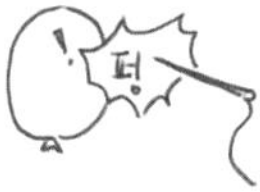
!
펑

즐겁게 하는 일에서 성장하게 된다

'성장'이라는 주제로 또 한 가지 이야기해둘 것이 있다. 사람들은 대부분 성장은 좋은 것이라고 생각한다. 그런데 여기에 함정이 있다. 성장은 좋은 것이라는 말은 '성장하지 않으면 좋지 않다'라는 말과 같다. 따라서 이 공식을 한 번 무너뜨리지 않으면 안 된다. 성장은 좋은 것이 아니라 '즐거운 것'이어야 한다. 성장하면 즐겁고, 성장하지 못하면 그다지 즐겁지 않다. 그저 그뿐이다.

콘크리트를 뚫고 나오는
잡초처럼 자유롭게

식물은 콘크리트 바닥을 뚫고 나오면서 자라기도 한다. 또 끝없이 성장하는 이미지를 가지고 있다. 인간도 마찬가지가 아닐까. 인간과 식물은 모두 그냥 내버려두어도 성장한다. 유일하게 성장이 멈추는 경우는 더 이상 자라지 않도록, 굳이 막고 있을 때다. 작은 화분 안에 더할 나위 없이 아름답게 정돈되어 있는 분재처럼 말이다.

성장을 멈추지 않는다는 말은 곧 자기가 하고 싶은 일을 포기하지 않는다는 의미다. 또 하고 싶지 않은 일을 참아가며 계속 이어가지도 않는 것이다. 더 이상 하고 싶지 않은 일은 당장 내던져버리자. 끊어버리자. 그렇게 하는 것이 바로 당신이 성장한 '성과'이다.

이렇게 말하면 많은 사람이 "그럼, 사표 낼래!" 하고 즉각 말하는데, 그건 다른 문제다. "하고 싶지 않은 일이 무엇입니까?"라고 물었을 때, 대부분은 회사에서 일하는 것이 제일 싫다고 말한다. 하지만 그렇게 말하는 사람의 대다수는 회사 일이 싫은 게 아니라, 회사 내의 인간관계가 싫은 것이다.

달라지지 않는다면
'평행이동'에 불과하다

회사 내의 인간관계 때문에 참아야 할 일도 많고, 말하고 싶어도 말하지 못하는 일이 많을 것이다. 하지만 지금 다니는 회사를 그만둔다고 해도 어차피 옮겨간 회사에서도 비슷한 일은 또 일어난다. 따라서 회사를 그만두기 전에 '말하지 못한 것을 말하고, 하지 못한 것을 해보아야'만 한다.

예를 들어 월급이 적은 게 불만이었다면, "월급이 너무 적으니 올려주세요"라고 말해야 한다. 말해보지도 않고 '어차피 말해도 안 될 거야. 그러니 이제는 내가 그만둘 수밖에 없지' 하고 포기한 채로 회사를 그만두게 되면, 그것은 앞으로 한 발 나가는 것이 아니다. 단지 회사만 바꾸는 '평행이동'일 뿐이다.

그만두고 싶은 일 중에 '지금의 회사 다니기'가 포함된 사람은 사표를 쓰기 전에 다시 한 번 그 회사가 싫은 진짜 이유에 대하여 좀 더 생각해보길 바란다. 자기가 해야 할 중요한 일이 있고, 단지 그 부담감에서 도망칠 목적으로 회사를 그만두려는 사람이 많기 때문이다.

　회사가 싫은 이유가 업무 내용인지, 소통의 문제인지, 통근 스트레스인지, 만족스럽지 않은 보수인지 생각해보자. 또 인간관계라면 싫은 상대가 단 한 명의 특정 상사나 부하직원, 혹은 옆 부서의 이상한 남성 한 명일지도 모른다. 그 한 사람 때문에 회사를 그만둔다는 건 어리석은 일이 아닐까.

　'어쩌지? 너무 성급하게 사표를 내버렸네!' 뒤늦게 이런 생각을 하는 사람도 있을 것이다. 하지만 그 또한 괜찮다. 이미 사표를 제출한 사람은 또 다른 회사에서 같은 실수나 후회를 하지 않도록 그 점을 참고하면 되는 것이다. 유사한 과제는 대체로 다시 주어지기 마련이니까.

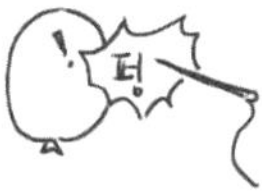
!
펑

감추는 데에 에너지를 쓰지 마라

나도 예전에는 목표를 세우고, 그 목표를 달성하기 위해 노력하는 것이 옳다고 믿어왔다. 그런데 목표를 세우지 않고부터 삶의 즐거움이 훨씬 더 구체적이고 선명해졌다. 여러분도 지금보다 조금 더 편안해지길 바란다.

어떻게 하면 효율적으로 목표에서 손을 뗄 수 있을지 진지하게 생각해보길 바란다. 그러면 오히려 점점 더 진화하고 성장할 것이다. 지금까지는 절대 불가능하다고 생각한 것에 대해서, 어떻게 하면 아등바등 살지 않으면서도 즐거움이 생겨날 수 있을지 열심히 생각해보길 바란다.

우리는 감추는 일에
너무 많은 에너지를 쓴다

우리는 '손해 보기 싫다, 상처받기 싫다, 창피당하기 싫다'
는 생각에, 자신의 본모습을 감추려고 너무나 많은 애를 쓴
다. 자신의 부끄러운 면모가 드러나지 않도록 온갖 부분을
억누르고 있기 때문에 진짜 '좋아하는 일'까지는 손이 미치
지 않는다. 억누르거나 감추는 데 너무 많은 시간과 힘을 쓰
고 있는 것이다.

하지만 나쁜 점은 드러내지 않으면서, 좋은 점만 부각시키
는 일은 불가능하다. 인간은 소방용 호스와 같아서, 아무리
억눌러도 어느 순간 '펑' 하고 물^{자신의 에너지나 개성}이 뿜어져 나오게
되어 있다. 그런 호스에서 '좋은 점'만 쪼르르 흐르게 하는 것
은 어려운 일이다. 그것은 마치 엄청난 수압을 견디지 못해
날뛰듯 흔들리는 호스를 필사적으로 누르면서, 컵에 쪼르르
물을 따르려는 것과 같은 느낌이다.

우리는 본래 엄청난 파워를 갖고 있는데도, 그것을 있는
힘을 다해 억눌러서 컵에 아주 조금씩 졸졸 따르려고 한다.

이는 자기다움이 드러나지 않도록 억누르려고 분투하는 것이다. 아이러니하게도 이렇게 '참는 것'을 우리는 '노력'이라고 말하고 있다.

고코로야식
'GO' 사인 분류법

일상생활을 하다 보면 '이렇게 하는 것이 좋겠다'라고 느끼는 일이 많을 것이다. 그런데 고코로야에서는 '양해를 구하는 것이 좋겠어, 조금 양보하는 것이 좋겠어'처럼 '~하는 것이 좋겠다'라고 생각하는 일은 '그만두어야 할 일'로 분류한다.

반대로 '하면 안 될 것 같아, 그만두는 게 좋겠어'와 같이 '~하면 안 될 것 같다'라고 생각하는 일은 '해야 할 일'로 분류한다. 이대로 하다 보면 신기할 만큼 삶이 편해지고, 마음이 느긋해진다. 또한 어느덧 성장하고 넉넉해지는 자신의 모습을 보게 된다.

마음을 열기만 해도 좋은 일이 생긴다

타인의 애정이나 선의를 순수하게 받아들이는 것을 '마음을 연다'라고 말한다. 이는 곧 성장을 의미하기도 한다. 식물이 성장하기 위해서는 단비와 쏟아지는 태양, 대지의 영양분이 필요하다. 식물은 그것을 흠뻑 받아들이면서 자란다. 사람도 마찬가지다. 성장하기 위해서는 타인의 애정이 필요하다.

　타인의 애정, 즉 '다른 힘'을 받아들이지 않고, 자신의 힘만으로 애쓰는 부류의 사람은 '나는 태양의 빛도, 대지의 힘도, 공기의 힘도 필요 없고, 이산화탄소 따위가 없어도 훌륭한 열매를 맺을 수 있어'라고 말하는 것과 같다. 주위 사람의 관심과 사랑을 중요하다고 생각하지 않는 사람은 혼자서 노력하는 길로 도망치는 것이다. 이때의 노력이라는 것은 대개의 경우 '도피'와도 같다.

'나도 모르는 나'를
알아가는 기쁨

성장이란 '이미 알고 있는 나'와 '미처 알지 못했던 나'를 하나로 만들어가는 것이다. '감춰져 있던 나, 잊고 있던 나, 버려두었던 나, 멋진 나……' 이런 미처 몰랐던 나를 알아가는 일이 바로 성장이다.

나에게는 내가 만나온 사람의 수만큼 '감춰진 나의 모습'이 있다. 그 모습을 발견할 때마다 '저것도 내 모습이구나, 이 모습도 나였어' 하고 인정하면서 받아들이는 것이 성장이며 마음을 여는 것이다. 우리는 '난, 이런 건 잘 못해, 난 낯가림이 좀 심해'라는 말들을 자주 한다. 하지만 그것은 착각이다. 그런 생각은 어디까지나 자신의 한쪽 면일 뿐이고 그 정반대의 모습도 자신인 것이다. '나는 낯을 가려서'라고 생각하는 사람은 커뮤니케이션을 잘하는 사람을 떠올려보라. 그 사람

역시 틀림없는 당신 자신일 수 있다.

'저런 사람도 있어야지'라는

생각이 가장 좋다

우리는 많은 사람과 만나고, 접촉하고, 관계를 맺으면서 '나'라는 사람을 알아간다. '저 사람은 원래 저래. 나와는 달라'라고 단정해버리고 멀리 하면, 자신의 성장도 거기에서 멈추고 만다. 또한 '나는 원래 이런 사람이니까'라며 힘을 팍 주고는 스스로를 묶어버리는 것 또한 너무 안타까운 일이다.

주눅 들지 않고, 비뚤어지지 않고, 비비 꼬지 않고 '솔직하게' 살기. 멋대로 자신의 색깔을 정하지 않고, 불편한 사람이 있으면 '뭐, 저런 사람도 있기 마련이지'라고 쿨하게 생각하며 자신의 성장 촉진제로 삼기. 이런 노력이야말로 자신의 '영역'을 점점 넓혀가는 진정한 의미의 성장이다.

야무지게 살면서, 자신 앞에 놓인 문제를 즐겨보라

지금 당신이 가장 고민하고 있는 것은 무엇인가요? 그것을 종이에 적어보세요. 그리고 그 종이를 보면서 '자, 이제 이걸로 끝내보자'라고 말해보세요. 고민하는 행위는 멈출 수 있습니다. 그 행위를 멈추는 것은 자신만이 할 수 있지요. 그리고 새롭게 시작하는 겁니다.

새로운 시작을 위해서는 자신의 어두운 면부터 인정해야 합니다. 가장 큰 용기를 필요로 하는 도전이 바로 '지금의 나를 인정하는 것'입니다. 어쩌면 가장 힘이 들고, 괴롭고, 많은 노력이 필요한 일인지도 모릅니다. 하지만 자신의 어두운 면을 인정한다면, 우리는 정말 강력해집니다.

그리고 손해 볼 수도 있지만 꼭 하고 싶은 일이라면 즐겁게 시작해보세요. 스스로를 힘들게 하는 헛된 욕망을 버리고 이미 갖고 있는 장점을 끄집어내고, 내가 행복한 삶을 살아보는 겁니다.

또 한 가지, 문득 떠오르는 일의 가치를 우습게 알지 마세요. '에이, 내가 어떻게 지금……'과 같이 스스로를 멈추게 하는 보수적인 성향을 걷어내고, 나의 다음 무대에 올라보는 겁니다. 당장 편한 일은 조금씩 줄여나가고 진짜 좋아하는 일을 늘려가세요. 머지않아 쉬익 바람을 가르는 솔개처럼 높은 곳에서 내려다보는 법을 깨치게 될 것입니다.

에필로그

이제부터는 '초뻔뻔이'가 되어서 야무지게 스스로를 위해 조금 사치스런 경험도 해보면서 즐겁게 도전해봅시다. 바로 지금부터 시작해보는 겁니다.

**야무지고 사치스럽게
살면 된다**

초판 1쇄 발행 2019년 8월 1일
초판 2쇄 발행 2019년 9월 1일

지은이 고코로야 진노스케

펴낸이 손은주 **편집주간** 이선화 **마케팅** 권순민
경영자문 권미숙 **디자인** erin **표지 일러스트** 염예슬

주소 서울시 마포구 망원로2길 19
문의전화 070-8835-1021(편집) **주문전화** 02-394-1027(마케팅)
팩스 02-394-1023
이메일 bookaltus@hanmail.net

발행처 (주) 도서출판 알투스
출판신고 2011년 10월 19일 제25100-2011-300호

ⓒ 고코로야 진노스케, 2019
ISBN 979-11-86116-31-9 03320

이 도서의 국립중앙도서관 출판예정도서목록(CIP)은 서지정보유통지원시스템 홈페이지
(http://seoji.nl.go.kr)와 국가자료종합목록 구축시스템(http://kolis-net.nl.go.kr)에서
이용하실 수 있습니다. (CIP제어번호 : CIP2019025926)

※ 책값은 뒤표지에 있습니다.
※ 잘못된 책은 구입하신 곳에서 바꾸어드립니다.

야무지고 사치스럽게
살면 된다